在日朝鮮人という民族経験

個人に立脚した共同性の再考へ

李 洪章

生活書院

はじめに——生活者としての在日朝鮮人

在日朝鮮人の「現在」は、さまざまな概念を通して理解されている。「差別」、「民族」、「祖国」、「日本」、「在日」、「共生」。それらの概念は、在日朝鮮人が形成された当初からその生活世界に深く根を下ろし続けている。しかし、それらは在日朝鮮人社会の基盤を成してきたがゆえに、具体的に人々によってどのようにして語られるのかについては、あまり目が向けられてこなかったように思う。その結果、戦後の在日朝鮮人社会の変遷は、一九六〇年代の帰国運動や七〇年代以降の反差別闘争などといった、「大きな物語」ばかりが注目され、「祖国志向」や「在日志向」、「共生志向」などの平板な理解によって規定されがちであった。このようにして、個人による様々な実践が捨象されてしまってきた現状に、私は大きな危機感を持っている。本書は、そのような問題意識のもと、現代社会に生きる在日朝鮮人個人の詳細な語りを通してその経験のあり方の内実を明らかにすることで、在日朝鮮人の「現在」の一端を理解することを目指している。

私の問題関心の大部分は、大学生の頃、在日朝鮮人学生運動に携わるなかで形作られた。私は、朝鮮初級学校卒業後、中学、高校と日本の学校に通うことで、家族以外の在日朝鮮人との接点をほとんど失っていた。振り返ってみると、出自を隠していたわけではなかったが、それが人間関係のトラブルを誘発しないように常に注意を払いながら生活を営んでいたように思う。それゆえ、在日朝鮮人学生が集う場において、共通の出自を有する者たちが形成するカテゴリーに包み込まれることで得られる安心感はこの上なく心地よかった。

活動に参加して間もないころ、私は、在日朝鮮人と日本人とのあいだに生まれたいわゆる「ダブル」の存在を、団体としてどのように取り扱っていくべきなのかを検討する会議のメンバーに選ばれた。正直なところ、私はその当時、「ダブル」の存在をほとんど意識していなかった。それは、私が大学入学までほとんど在日朝鮮人社会と接触しなかったために、その現状を感覚的にすら認識できていなかったからである。改めて「ダブル」の存在をどのように捉えるのかと問われたときに、私は語るべき言葉をまったく持ち合わせていなかった。

活動を重ねていくなかで、「ダブル」の存在は私のなかで非常に重要な位置を占めていった。「民族心を育もう」、「本名を大切にしよう」、「祖国統一に貢献しよう」。私が従来からなんの違和感もなく発してきたそれらの言葉を、かれ／かのじょらはどのように受け止めているのかが徐々に気になるようになっていた。

そんななかである「ダブル」の後輩から突きつけられた言葉は、私がこのような研究を行うきっかけを与えてくれた。

「結局先輩に僕の気持ちはわかりっこないですよ。」

この言葉は、ある意味では私の当時の気持ちを代弁したものであった。結局立場の違う「ダブル」の考えていることなど分かりようがない。運動に係わり続けていくためには、そのように割り切ってしまう必要があるのではないかと考えていた。在日朝鮮人というカテゴリーは、他の反差別運動と同様、日本社会からの差別や抑圧に対する対抗的アイデンティティにもとづいて構築されてきた。「劣等民族」であるというまなざしに対しては誇りをもって、穢らわしいとするまなざしに対しては美しさを強調することで対抗してきたのである。「劣った」まま、「穢らわしい」まま消滅させられてしまわないためには、そうしたまなざしに真正面から対峙し、それを転覆させていく必要がある。そう考えて、私は「民族心を育もう」、「本名を大切にしよう」、「祖国統一に貢献しよう」などといった台詞を吐くことを正当化したい、正当化しなければならないと考えていた。それゆえ、後輩から突きつけられた言葉にショックを受けながらも、どこかで「わかりっこないのなら仕方ない」と開き直るきっかけをくれたような気がしてホッとしたというのが正直なところだ。

しかし、私は同時に、反差別運動が対抗的アイデンティティに全面的に依拠する現状に対しても強い違和感を持つようになっていた。私は、活動するなかで、「差別は許せないが、差別がなくなってしまえば在日朝鮮人コミュニティは崩壊してしまうので、少しくらいはあったほうが良い」という言葉をしばしば耳にした。私はこの言葉に対して二つの点で違和感を覚えた。ひとつは言うまでもなく、反差別運動のなかで差別を容認するような認識が生まれてくることの矛盾であるが、もうひとつは、果たして在日朝鮮人コミュニティとはそれほど脆弱なものなのか、ということである。私は一定の年月を在日朝鮮人コミュニティのなかで過ごしてきた。そこには多様かつ濃密なコミュニケーションのもとで、「在日」としての生活基盤を確立してきた人たちが存在していた。確かに近年、在日朝鮮人の生活におけるコミュニティの役割は低減してきたようにも感じるが、それでもなお、コミュニティが失われてしまうと生活が立ち行かなくなってしまうのではないかという危機感を持つ者は少なくないだろう。それにもかかわらず、「差別は無くなるべきだがあったほうが良い」という倒錯した言葉が生み出される背景には、在日朝鮮人の日常的な生活実践に対する過小評価があるのではないかと思う。「抵抗」に彩られた在日朝鮮人運動の世界で、「日本社会で生活をすること」が、迎合的で、妥協的で、打算的なものであると捉えらる傾向が、今なお一定程度存続しているのだろう。

戦後、在日朝鮮人が繰り広げてきた反差別闘争は、確かに一定の法的地位の改善と差別の撤廃を引き出してきた。しかし、それが日本人と在日朝鮮人の関係性を根本的に覆すものであったとはいえない。二〇一〇年三月、橋下徹大阪府知事（当時）は、朝鮮学校への補助金の支給の是非を判断するために大阪朝鮮高級学校などを訪問し、朝鮮学校側はこれを受け入れた。橋下氏はラグビー部の学生らと触れ合い、「大阪府代表になってがんばれ」と激励した。しかし橋下氏は同時に、「北朝鮮の国家体制と朝鮮総連との関係について、学校側は一線を引いてほしい」と教育内容に触れつつ、「自由を求めるのか、府の公金を求めるのか。どちらかを選んでほしい」と迫り、学校側は「学校内の保護者や役員の対立を避けたい。論議の時間がほしい」ということで一旦回答を保留した。[※1] 朝鮮学校側としては、そもそも大阪府の補助金打ち切りを言い出した橋下氏の訪問を受け入れることは本意ではなかったはずだ。しかし、訪問を断れば、日本の世論は「北朝鮮の閉鎖性」イメージと結びつけ批判を強めるであろうし、交渉次第では補助金受給を維持できる可能性も考慮し、提案を受けたのだろう。しかし、結果を見れば、橋下氏に交渉のつもりがなかったのは明らかだ。彼の朝鮮学校訪問は、そもそも交渉主体として認識していない在日朝鮮人に対する「虚偽の呼びかけ」だったのである。

この出来事は、マジョリティとマイノリティが同じ土俵で対話することの非現実性、被差別者として主体を立ち上げることの不可能性を示しているといえる。「在日朝鮮人」が差別によって定義される限りにおいて、「在日朝鮮人」としての主体形成の試みは、差別者である「日本人」への従属化を意味することになる。したがって、野村浩也が指摘するように、日本人による本質主義的なまなざしに対する「抵抗の方法を『戦略』として自由に選択するなどということは現実には不可能」（野村 2001:179）である。しかし、だからといって在日朝鮮人は「在日朝鮮人」であることを放棄するわけにはいかない。それを放棄したときに、「在日朝鮮人」は文字通り消滅し、永遠に被害が回復されることはなくなってしまうからだ。それゆえ、「在日朝鮮人」は「日本人」からの「虚偽の呼びかけ」には常に応答せざるをえないのである。

しかし、本当に在日朝鮮人が消滅してしまうことなどありうるのだろうか。一九九五年の震災で壊滅し、当時とはまったく別の街に生まれ変わった神戸市長田区では、今でもなお在日朝鮮人の息遣いを感じることができるし、大阪市生野区のコリアタウンは韓流ブームに乗じてすっかり観光地へと様変わりしたが、他方で二〇〇四年に設立された「コリアNGOセンター」による地域活性化事業という形で、若い世代の在日朝鮮人が商店街のあり方に大きく関与している。生活者としての在日朝鮮人は、確かにこの日本社会に生きている。

フランスの宗教史学者であるミシェル・ド・セルトーは、何らかの未来を想定し、狙いをもって採られる「戦略」に対し、人々が抜け出しがたい現実のなかで「なんとかやっていく」術を「戦術」と名付け、以下の引用にあるように、その「戦術」にこそマイノリティの現実を改変する創造性が秘められていることを示唆している。

たとえばスペインはインディオを植民地化してはなばなしい成功をおさめたが、その植民地化は、インディオたちの使用法によって横領されてしまったのだ。これらのインディオたちは、服従するばかりか、同意さえしながら、押しつけられたもろもろの法や実践や表象をしばしば利用していた。かれらは力づくでそれらを呑みこまされたというか、征服者のもくろみとは別のもくろみにひかれて受け入れていったのだ。つまりかれらはそうしたものを使って別のものを作っていたのである。(De Certeau 1974=1987:93)

ド・セルトーの言う「使用法」や「別のもの」は、在日朝鮮人の現実においては果たしてどのようなものに当たるのだろうか。言うなればこれが本書の最大のテーマである。このような営みは、異化と同化、あるいは抵抗と迎合などといった単線的な理解では決して捉えることができない。人々の「生」を、二項対立的なポリティクスに埋没させてしまうことなく描き出すこと。これは、在日朝鮮人の将来像をポジティヴに展望・構想していくうえで必要不可欠な作業になるだろう。

ただしここで、「戦術」を記述するという私の試みは決して戦術的なものではありえない、という点に言及しておく必要があるだろう。すなわち、こうした試みは「そのように語ること自体がすでに未来と全体を見越している以上」「戦略」（郭 2006:222）、ド・セルトーの言う「戦略」に他ならないのである。この点、本書の試みは、在日朝鮮人による現状認識のあり方や解放のための実践に対して、在日朝鮮人の「戦術」からの学びを通して批判的提言を行うという、明確な戦略的意図にもとづいている。それゆえ、歴史的・政治的立場としての「日本人」であることを自覚する人々は、本書の議論に触れ、自らが置き去りにされているような感覚を覚えるかもしれない。しかし、それは私なりの「戦略」によるものであるということをご了承いただきたい。

なお、本書は以下のように構成されている。

まず序論では、本書における研究の動機と背景、具体的な目的、本書を貫く研究姿勢に言及する。その際、在日朝鮮人のエスニシティに関する先行研究等を批判的に検討することで、本書の位置付けを示している。

第1章では、事例を検討していく際の、〈私〉のポジショナリティと研究方法について論じる。本書は「在日朝鮮人による在日朝鮮人研究」であり、それゆえ「当事者研究」としてまなざされるかもしれない。〈私〉自身もまた、研究を始めた当初は、「当事者」性に立脚することに研究遂行上のメリットを見出していた。しかし、インフォーマントとの「出会い」を重ねるなかで、「当事者」性や「当事者研究」というスタンスが、かれ／かのじょらの経験を理解し記述していくことの妨げになることを知るに至った。ここでは、そうした〈私〉の経験を辿りながら、「当事者」というスタンスが孕む問題を明らかにしたうえで、「個人」に立脚する研究方法の可能性について言及する。

第2章では、外国人登録法上の国籍表記である朝鮮籍を維持する二名の在日朝鮮人の語りを事例とする。かれらが、朝鮮民主主義人民共和国との心理的紐帯の一切を断ち切るか、あるいは常にそのシンパサイザーとしてふるまうかの、いずれかの選択を強要するような外在的まなざしを拒否・回避すべく、朝鮮籍への意味づけを含め、「ナショナルなもの」に対していかなる態度をとっているのかを描き出していく。

第3章と補遺は、「民族」とジェンダーの交点に存在する問題に焦点を当てたものである。

第3章では、在日朝鮮人と日本人の「国際結婚」を事例とし、歴史的断絶に伴う困難に直面しながらも、日常における民族実践――周囲の在日朝鮮人との民族的紐帯を維持し、また、祖父母との接触などを通して獲得した歴史性を継承すること――を目指す様子を明らかにする。ただし、同時に、その実践が、硬直的なジェンダー関係に転落する恐れを秘めたものであるということにも注目しながら考察を進める。

続く補遺で扱うのは、渡韓した二〇代前半のある在日朝鮮人の語りである。かれの渡韓は、単に語学の習得や本国文化への接触を目的としたものではなく、家父長制に支えられた民族主義における規範に苛まれ、そこから逃避するためのものである。しかし、かれは在日朝鮮人社会との訣別を目指しているわけではない。「本国」である韓国を渡航先に選択したのは、それと距離をとったうえで、今後いかにアプローチすべきかを思考するためである。ここでは、こうした語りに学びながら、「家父長的民族主義」を乗り越えるための方途を模索することを目的とするものである。

第4、5章では、個人による民族実践と向き合ううえで私たちが持つべき姿勢について考察している。

第4章は、在日朝鮮人と日本人のあいだに生まれたいわゆる「ダブル」が、日常生活において、在日朝鮮人からは「不純なる者」として、日本社会からは「在日朝鮮人」として排除・周縁化されるような経験にいかに対処しているのかを明らかにし、そこから、かれ／かのじょらが何を異議申し立てているのかを読み解いていくことを目的としている。ここでは、他の章とは異なり、「〈私〉の反省的記述」に重点を置き、当時の〈私〉の民族観に対する、かれ／かのじょらの語りの対話性の発見を試みている。なぜなら、当時の調査が、強くカテゴリーに依拠した民族観にもとづいて設計されたものであり、インタビュー・データそのものにバイアスがかかっているため、それを基にかれ／かのじょらの経験を記述することが困難であるからだ。

最後の第5章では、「対話の成立条件」に関する議論の精緻化を目指し、在日朝鮮人問題に携わる者どうしによる、問題に取り組む際に持つべき視点や方法を論点とした論争を概観しながら、異なる立場にある者どうしの有機的な対話はいかにして成立しうるのかを検討する。

註

**1 「自由か補助金か、決断を　迫る橋下・大阪知事、戸惑う学校　朝鮮学校訪問」（二〇一〇年三月一三日　朝日新聞朝刊）

在日朝鮮人という民族経験
——個人に立脚した共同性の再考へ

目　次

序論 23

第2章　「ナショナリティの強制力」をめぐる朝鮮籍者の経験と実践　*77*

第3章　「国際結婚」家族による「民族」の実践
――歴史性の「継承」と家族の安泰はいかにして「両立」するのか　115

結論

凡例

1　典拠した文献を示す注は、『社会学評論スタイルガイド』に従い、本文中の適切な箇所に、括弧書きの割注で記載する。括弧内は、「著者名、編著者名」、「出版年（[ ]は初版の出版年）」、「頁」の順に表記する。また、訳書がある場合は、＝のあとに「出版年」を表記する。

例）「それぞれの世界を持った複数の対等な意識が、各自の独立性を保ったまま、なんらかの事件というまとまりの中に織り込まれていく」（Бахтин 1972[1929]＝1995:15）。

2　トランスクリプション内の表記記号は以下のような意味で用いる。

…：発話における沈黙、休止、途切れ。　hhh：笑い。

―：音の引き延ばし。

丸括弧内：筆者による註。　（略）：中略。

3　その他の特殊な書式については本文中に説明を加える。

参照文献：日本社会学会編集委員会、2009、『社会学評論スタイルガイド（第二版）』日本社会学会。

序論

1 研究の動機と背景

本書の目指すところは以下の二点である。

ひとつは、現代日本社会に生きる在日朝鮮人[※1]の、生活レベルでの民族経験を詳述することである。朝鮮半島の分断状況や、民族抑圧状況などによって規定される在日朝鮮人の民族的経験のあり方は、近年きわめて多様化していると言われている。その多様性を、エスニシティの強弱を指標としたり、あるいはハイブリディティやトランスナショナリティなどといった、境界横断性を無条件にポジティブに捉えようとする概念と結びつけて評価する研究は近年多くみられるようになった。しかし他方で、その経験のあり方を、個人に根差して詳細に明らかにしようとした研究の蓄積は十分とはいえない状況にある。そこで、本書では、多様な背景をもつ在日朝鮮人個人の語りを通して、かれ／かのじょら[※2]にとっての日常において経験される「民族」に迫りながら、「多様性」の内実を描き出す。

いまひとつは、民族実践の記述である。在日朝鮮人の民族運動は従来、公的な民族観があらかじめ設定されており、それに人びとが同意する形で形成されてきた連帯を基礎として展開されてきた。しかし、民族経験が多様化するなかで、そうした連帯はいっけん解体の一途を辿っている。ところが、民族差別は、決して在日朝鮮人個人にではなく、あくまでも民族集団に対して向けられているものであり、したがってそれに対する抵抗は、「民族」を単位としてしかありえない現実が存在する。そのことを前提にするならば、従来の連帯に代わる、在日朝鮮人の民族経験に即した共同性の新しいかたちが示される必要があるだろう。そこで本書では、個人による民族経験への対処のあり方（それをここでは「民族実践」と呼ぶ）に着目しながら、その経験を結びつける「開かれた共同性」を実現するためのコミュニケーションのあり方、あるいはその基軸に据えられうる理念について検討していく。

1-1 動機——在日朝鮮人の将来像をめぐって

以下の引用は、〈私〉[※3]が研究を開始して最初にインタビューをした、吉本明日香（仮名）の語りである。

Y：例えばどっかで、悪口じゃないけど、「韓国ってどうよなー」とか言うてるのを聞いても、自分に向けて言ってるわけではないし、別に悪気があって言ってるわけじゃないし。見たら分かるじゃないですか。で、ここは日本やし、日本学校やし。まあ、そういうのは聞き流したりとか、「仕方ないかなー」っていうところもありますね。ニュースとか、ああいうふうに取り上げたりしてたら、影響されるのもその子らのせいではなく、メディアが悪いというか。

大学生の頃に民族学生運動を経験した〈私〉は、インタビューの時点でこの語りを、在日朝鮮人の

「同化」の深刻な現状をあらわすものとして受け止めていた。学校の友人たちの「韓国」に対する負のイメージを「仕方ない」と見逃し、「メディアが悪い」と語ることで問題の所在を有耶無耶にし、安定的な友人関係を維持しようとする、このような行為を、差別の存在を容認したその場しのぎのふるまいとして、否定的に捉えていた。

また同時に、こうした語りに対して〈私〉は、それまで感じることのなかった不安を抱くようになった。たとえば〈私〉は、上記の語りが現実を糊塗するにすぎないふるまいであると感じながらも、在日朝鮮人の置かれた現状に目を向けざるをえなくなった。かのじょは、「友人との会話」のような日常行為のなかで、「コリア的なもの」に対して負のイメージが語られるというシチュエーションを、日々どうにかして切り抜けながら、安定的な日常生活を維持しようとしていた。こうしたかのじょの置かれた状況とそれへの対処のあり方は、私がそれまで想定してきた在日朝鮮人像とは異なっていた。すなわち、たびたび目にみえる形で噴出する「差別事件」によって生活権を脅かされながらも、被差別経験を共有する人びとともに異議を申し立てることで根本的な解決を目指すのではなく、日常生活の隅々に直接的な被差別の可能性が散りばめられており、それが顕在化しないように常に気を配ることで、安定的な生を維持しているのである。

草柳千早は、そうした個人的な自立・自助努力のみによる「生きづらさ」への対処には、「社会のあり方それ自体を問題化する契機が含まれて」おらず、そのうえ「努力の限界において破綻する」不安定なものであると述べているが（草柳 2004:115）、〈私〉もまた、在日朝鮮人の多くがそうした日々に追われるのであるならば、もはやこの社会の根底に存在する「問題」に言及し、解決を求めることは難しいのではないかと考えるようになった。このような個人的な「生きづらさへの対処」のあり方は、「私たちが生活している領域や場面のどこを見ても敵の〝きざし〟を感じるがゆえに、何が自分にとっての本当の敵なのか、が確認できなくなっている」（好井 1999:138）からこそ採られる方法である。そのような状況において「解放の言説を率直に語りだすとしても」、それは可視的な差別に抵抗するような「ちから」を持ちえない（好井 1999:138）。だとすれば、もはや現代において差別とそれに起因する「生きづらさ」を解消する方途を講ずることは不可能ではないかとも思えてくる。しかし草柳は、生きづらさに対する個人な対処には確かに限界があるが、そうした個人について語ることが「『私』を超える回路へと個々人を相互に開くものとなりうるのではないか」（草柳 2004:118）とも述べている。

草柳が言うように、個人の生活から新たな実践の可能性の萌芽を見出すことはできるのか。こうした疑問に具体的に答えたいという思いが、本書の議論の出発点となっている。

1-2　背景――「民族の脱構築論」を超えて

次に、先行する在日朝鮮人研究を批判的に検討し、それに対する本研究の位置づけを示すことによって、本書の学問的意義を明確にしておきたい。

一九九〇年代に至るまで、在日朝鮮人の生活と意識に関する研究は、「研究者の意図にかかわらずイデオロギー対立の文脈で把握される」傾向が強く、「ひとたび南北いずれかの立場に加担する研究だとみなされると、他方の勢力から政治的な圧力が加えられるという状況が散見され」た（福岡・金明秀 1997:1）。それゆえ、たとえば日本籍者や「ダブル」といった対象をとりあげ、そのアイデンティティのあり方を肯定的に捉えるような研究が、同化を是認・助長するものとして厳しく非難されるような状況にあった。[※4]

こうした状況に突破口を開いたのが、福岡安則（1993）による研究である。福岡は、在日朝鮮人のアイデンティティを、異化志向と同化志向が錯綜したものとしてとらえなおし、それを大きく五つのタイプ（祖国志向、同胞志向、共生志向、個人志向、帰化志向）に類型化し、実際にその視点から在日朝鮮人の語りを分析することで、在日朝鮮人のエスニック・アイデンティティの実に多様な姿を描き出した。しかし、こうした議論は、結局は「民族性の強弱」という単線的な理解のもとでアイデンティティを描き出そうとするものであり、民族本質主義を根底から批判するものではなかった。[※5]

他方、九〇年代後半以降に行われた在日朝鮮人当事者による研究は、民族本質主義の権力性を暴露し、民族の脱構築を明確に意図したものであった。たとえば、鄭暎惠は、民族なるものが、結局は男性が女性を、あるいは女性が自分自身を犠牲にすることによって成り立ってきたことや、同質性を強調するために構築された「純血性」の神話が、在日朝鮮人と日本人のあいだに生まれたいわゆる「ダブル」の存在を排除・周縁化してきたと述べ、「いくら帝国主義を打倒するためとはいえ、自らの民族を死守して排他的になるばかりだとしたら、それもまた、民族の解放とはなりえない」（鄭

2003:15）と、痛烈に民族本質主義を批判する。

こうした社会科学領域における在日朝鮮人の「多様化」への着目は、在日朝鮮人社会にも大きなインパクトを与えた。たとえば、在日本朝鮮人総聯合会（以下、総聯）で三年ごとに開かれる全体大会における大会報告の内容をみてみると、一九九八年に開かれた第一八次全大会においては、日本国籍取得者と国際結婚の増加について、「民族性が稀薄になり、帰化や国際結婚をし、子供たちに日本の教育を受けさせ、日本に同化していく悲しい現象が増えている」（『朝鮮新報』一九九八年五月二九日）と否定的な認識を示しているのに対し、三年後の第一九次全大会においては、「日本国籍の同胞、国際結婚をした同胞も、みな同じ血筋で、社会歴史的な出自の共通性を持つ在日同胞である」（『朝鮮新報』二〇〇一年五月二八日）と、うってかわって両者を包摂する「同胞」観を示している。これは、在日朝鮮人の多様化に対応しなければ組織の存続が危ぶまれることへの自覚のあらわれだろう。

しかし、このような脱構築論は往々にして、民族の社会的構築性を暴露することによって、それを基盤としてきた在日朝鮮人による連帯そのものを否定せざるをえないというジレンマを抱えている。鄭は、「〈自己〉の内なる異質を受け入れていくことからこそ」（鄭 2003:35）、境界を解体する試みははじまるはずだと述べる。しかし、「民族か同化か」という問いそのものが不毛であるとしても、在日朝鮮人の多くは、現実問題として、そのどちらかの選択を強いられているのである。たとえば、日本籍の取得や日本名の使用による「身元隠し」を単純に同化現象として捉えるような視点は当然批判されるべきではあるが、それらの「身元隠し」は韓国・朝鮮籍を保持し、朝鮮名を用いることが「生きづらさ」に結びつくするからこそ行われるのであり、たとえそれが戦略的な、あるいは積極的な行為・選択として語られたとしても、かれ・かのじょらが「民族か同化か」の二者択一の強制に常に晒されていることに変わりはない。その解消を目指すのであれば、われわれはそれを在日朝鮮人の「現実」として捉え続けていく必要があるだろう。

このように、かれ／かのじょらの多くにとって、「在日朝鮮人であること」は、日本社会で生を営むうえできわめて重大な要素として作用し続けるだろうし、その場合、民族を、複数の「私」を構成する一要素として、他の要素と並置させておくことは困難なことである。つまり、こうした研究は、人びとにとっての「現実」の構築性を批判することに集中するあまり、その「現実」の中身を問おうとしていない点で、大きな問題を抱えているのである。また、多様性の発露に伴って在日朝鮮人社会が直面している連帯解消の危機に対して、何か具体的な対応策を提示できているかというと、やはりそうではない。民族という概念に依存することが禁止されるならば、「現実」として突きつけられる日本社会における本質主義的まなざしにいかに抵抗しうるのだろうか。民族の脱構築論は、文化理論的には「正しい」思想ではあるが、現実の民族抑圧状況を打破する思想にはなりえないのである。

本書は、このような本質主義に依拠した研究と、脱構築論的研究のあいだで行われてきた不毛な対立の超克を目指すものである。それゆえ、上述したような脱構築論の陥穽と向き合い、具体的な調停案を提示することは、本書の大きな目的のひとつとなる。松田素二は、脱構築論批判の文脈において、「反・反本質主義」とでも言うべき思潮が醸成されやすいと指摘する（松田 2009:42-43）。たしかに、在日朝鮮人社会がマイノリティ・イン・マイノリティに対する抑圧を内包していることを認めながらも、戦略的本質主義の立場から上述したような脱構築論の陥穽を突くことで、自らの特権性を正当化しようとするような言説が登場する可能性はおおいにある。本書では、そのような「反・反本質主義」に与することなく、なおかつ在日朝鮮人が直面する「現実」に焦点を当てるために、在日朝鮮人個々人が、自らを在日朝鮮人として自認するための根拠を次々と失いながらも、内発的な欲求にもとづいて「民族」を再定義しようとする姿に照準を合わせる。※6 人びとが日常的な必要性に応じて「民族」を語るとすれば、「差異を隠蔽しない連帯」の萌芽はそこに生まれるはずであり、それは、集えば境界が生じてしまうというジレンマをめぐって繰り返されてきた不毛な論争を調停するために有効な方途でありうるからだ。国民国家の脱構築を目指して机上の議論に終始するのではなく、「現実」を生きる人びとの経験に寄り添えば、そこには多様な心理的過程が見えてくるだろう。また、エスニック・マイノリティによる生活実践は、「コスモポリタン民主主義」のような理想型の共同体構想と比べ、現実的かつ有効な共同性のあり方を提示し、国民国家の暴力性をつまびらかにする力を持ちうるのではないか。そうであるならば、本書は、国民国家批判としてのエスニシティ研究に対して、別の視角から意義ある知見を提供するものになりうるだろう。

従来のアイデンティティ研究は、たとえば、一口に在日朝鮮人といってもその内部には実は多様な異なるカテゴリーに属する人々が存在するという意味での「複数性」、あるいは、個人はジェンダーや国籍、文化、職業、地位、階層などの複数のカテゴリーの集合として構成されているという意味での「複数性」、つまり、さまざまな要素が並列的に存在していて、そのいずれかが権威づけられるような状況を批判する概念としての「複数性」に着目してきた。それに対して、本書が着目するのは、個と個の対面状況において、その関係は決して単一的な関係性に収斂されることはないという意味での複数性である。小田亮は、アイデンティティの浮遊性と新たな共同性の創出について考察するなかで、この意味での複数性を「過剰性」という用語で表現している。たとえば、「夫」と「妻」や、「教員」と「学生」などといった関係性は、確かに「換喩的な役割連関やカテゴリー間の関係」に強く規定されている。しかし、「他者との関係においては、個人はつねに役割やカテゴリーへの帰属（「何者」か）以上」のものであるという意味で、「一つの関係性に還元できない『過剰性』」を持っている。それは単に「一つのポジションからの一つの声に他のポジションからのもう一つの声が加算されるということではな」く、「親族関係や性や主従関係などのさまざまな役割関係のコードの一つに属する特定の関係に、異なるコードによる他の関係性が交叉＝横断していることに起因するものである」（小田 2003:58-59）。

本書は、本質主義的なアイデンティティ論を否定するのに、アイデンティティの「複数性」を強調するだけでは不十分であると考え、アイデンティティ研究における複数性の捉え方を、小田のいう「過剰性」へと転換させていく必要性についても言及していく。過剰性の想定のもとで開かれるコミュニケーションは、特定のカテゴリーに依拠した語り、あるいは他者を単一のカテゴリーへと収斂させるような語りを許容しないような、対話的なものになる。つまり、在日朝鮮人の語りにみられる過剰性をつぶさに読みとることでこそ、そうした語りに既存の秩序や構造に対する変革性を見出していくことが可能になるのである。

2　本書の目的――在日朝鮮人個人の日常性への着目

2-1　日常における「民族」

社会学領域における在日朝鮮人研究は、在日朝鮮人のアイデンティティの「複数性」を明らかにしてきた。しかし同時に、それらの研究は、在日朝鮮人にとっての「民族」をなお単色的なものとして取り扱ってきたといえる。

たとえば柏崎千賀子は、一九八〇年代以降にしばしば見られるようになった日本籍在日朝鮮人によるコリアン・アイデンティティの主張に着目し、国籍や血統に国家とのつながりをみる「本国志向という意味でナショナリスティック」（柏崎 2007:202）なアイデンティティに代わって、より広い「エスニック」なアイデンティティが構築されつつあると捉え、前者が後者の創発を抑圧していることを批判する。ここで柏崎は、在日朝鮮人の国籍とアイデンティティの関係について以下のように言及している。かつて在日朝鮮人は、日本の植民地主義の象徴として、また、本国とのつながりを意識するシンボルとして朝鮮・韓国籍を定義し、「エスニック集団」としてではなく「ナショナル・マイノリティ」としてのアイデンティティを構築してきた。しかし、それは結果的に、日本籍者によるコリアン・アイデンティティの表出を阻害することになった。しかし、日本籍者が在日朝鮮人社会において文字通りマジョリティとなった今、「ナショナリスティックで本質的なコリアン・アイデンティティにかわって、よりエスニックで、非本質的なアイデンティティ」こそが、「日本社会でコリアンが直面する問題に取り組むため、集団としての運動を可能にするような回路もつくっていく」はずだと主張する（柏崎 2007:219）。

確かに、在日朝鮮人社会において、日本籍者に対する排他的なまなざしがあることは事実である。しかし柏崎は、本質主義的な民族概念の脱構築を希求するいっぽう、従来の在日朝鮮人のアイデンティティが、排他的ナショナリズムと一体化したエスニシズムであることを前提としている。こうした理解のもとでは、特定の在日朝鮮人個人による「民族」の希求が、その内容如何にかかわらず、排他主義的なものとして頭ごなしに批判されてしまう恐れがある。

近年、こうした思潮に対し、在日朝鮮人個人によって語られる「民族」の内実に焦点を当てようとする研究が現われはじめている。橋本みゆきは、在日朝鮮人の配偶者選択のストーリーを事例とし、安定的な親密圏を獲得するために、〈民族〉をいかに（再）解釈しようとするのかを明らかにした。そこでは、結婚をめぐってあらゆるしがらみを抱えながらも、〈民族〉（親を含めた周囲の在日朝鮮人たちとのつながり）を放棄することなく、それを乗り越えようとする在日朝鮮人の姿が鮮明に描かれている。橋本はその際、民族なる概念を、「広く了解されているような民族なる集合体実体の観念」（橋本 2010b:13-14）としての民族と、そうした民族を前提としない、個人によって担われる〈民族〉とに、明確に区分して論じている。

しかし、橋本による研究は、主に一九九〇年代から二〇〇〇年代に結婚した三世を事例としているが、その三世の〈民族〉観の流動性を強調しようとするあまり、かれ／かのじょらにとっての「親世代」を、「集合的な民族像」（橋本 2010b:269）の担い手として描いてしまっている。ここでもやはり、特定の在日朝鮮人個人のエスニシティが安易に本質主義と結び付けられており、その意味において、上述した反本質主義のもつ危険性を再生産しているといえるだろう。

このような問題を克服するうえで、松田素二による本質主義に関する議論は示唆的である。松田は、「本質主義的性向によって構成される共同性」と「本質化された共同性」（松田 2009:132）とを分けて論じるべきだとしている。前者は、「普遍的人間性に対する認識から発生するものでも、普遍主義的基準から演繹的に導き出されたものでもな」く、「日常生活における実践の遂行過程で生成される応答」（松田 2009:137）である。したがってそれは、「本質的な共同性が備えている『自然』な連帯を喚起する恒常性と、一方でそれが社会的に構成される過程への自省性の両者を包摂したものであり、リアルな力を発揮しながらも、固定され絶対化されたカテゴリー化の罠から抜け出せる質を持っている」（松田 2009:132）。

これに従えば、橋本による結婚の議論についても、子世代が生活の現状に合わせて「生きる足場を自ら産出」（橋本 2010b:276）しているのと同様に、親世代もまた、よりよい生を営むための「戦術」

として、マスター・ナラティヴを引用し、翻訳しながら、「民族」観を構築していると理解すべきである。なぜなら、日常性の大きな要素を占める親子関係において、親が一貫して「民族の代弁者」であるはずがないからだ。したがって、子世代の結婚もまた、親世代にとっては「民族」観を変容させる大きな契機であるだろうし、かれ／かのじょらにとっての「民族」は、こうした転機のたびに変容しつつも「本質主義的性向」を帯び続け、他の在日朝鮮人との「接点」としての役割を果たすことで、安定的な日常生活の基礎となるのである。

金泰泳は、この意味での「民族」に言及した数少ない研究者のひとりである。金は、大阪府高槻市で活動している在日朝鮮人児童生徒を対象とした「子ども会」において、民族的自覚を強め、名前を日本名から朝鮮名に変更した宋順子とのインタビューを事例として取り上げている。かのじょは中学生の頃、朝鮮名に変更したことで、子ども会活動のシンボルとして扱われるようになった。しかし、そのことを窮屈に思うようになり、高校に入って名前を再び日本名に変更する。それでも、「在日朝鮮人であることを周囲に隠している自分の姿」（金泰泳 1999:186）を卑屈に思い、その後も名前をめぐって葛藤し続ける。かのじょは、中学までに培ってきた子ども会の世界を否定したくないと考えており、進学後も「在日朝鮮人の高校生の部会」に参加し続け、他の在日朝鮮人学生らとつのる思いを出し合っている。金はそうした姿を、「外部の期待や要求に応えるものとしての『在日朝鮮人』ではなく、もっと自発的で、かのじょの気持ちのなかから沸き起こってくるような」（金泰泳 1999:187-188）在日朝鮮人像の模索として描いている。

かのじょが日本名を使用するに至ったのは、それが、かのじょを取り巻く「現実」に対処するために必要な選択だったからだろう。しかし、かのじょにとっては、「子ども会」においてドミナント・ストーリーとして語られる民族もまた、ひとつのリアリティとして認識されており、それはかのじょの葛藤を引き起こす要因となっている。それでもなお、子ども会とのかかわりを解消させようとしないのは、日本名という選択が、離脱の表明ではなく、主体的に関係性を変容させようとする試みであることを示している。金によるこのような描写は、かのじょによる民族実践の理解の範疇を越えて、「アイデンティティ・ポリティクスを超える」というコンセプトに基づいて特定の役割を付与しようとしているのではないかという疑問はありながらも、それでもなお、在日朝鮮人にとっての「民族」について考える上で、示唆に富んだものである。つまり、ここでの日本名の選択という行為は、単純な同化志向によるものではなく、オルタナティヴな「民族」観を構築しようとする過程として捉えられるべきなのである。[※7]

以上までの議論をふまえ、本書では、在日朝鮮人にとっての「民族」を、日常生活における「現実」を生き抜くために人びとが希求する、他の在日朝鮮人との共同性として理解する。[※8]生活上、在日朝鮮人として何らかの不利益を被るリスクがある限りにおいて、上述した「民族」の必要性や求心力が失われることはないだろう。しかし、近年においては、生活水準の向上に伴うライフスタイルの変化に伴って、共同性のあり方は劇的に変異してきている。旧来の民族組織はその変化を把握しきれておらず、アクティヴィズムと生活世界とのあいだに大きな認識のズレが生じ、結果として急速に求心力を失うことになったと考えられる。したがって、現代にマッチした共同性としての「民族」の可能性を議論するためにまず着手しなければならないのは、特定の価値判断を可能な限り排したうえで、[※9]在日朝鮮人が経験している「現実」を詳細に記述し、その現実に対処する実践を捉えることで、一見バラバラになった在日朝鮮人の結節点を再発見することである。

2-2　「開かれた共同体」としての「民族」

では、なぜ在日朝鮮人は、在日朝鮮人であることによるあらゆる困難に直面してもなお「民族」を放棄しようとせず、他の在日朝鮮人との接点を維持し続けようとするのだろうか。

さきほど紹介した吉本明日香は、日本名を用い、日本籍を保有し、小学校入学以来、日本学校で十数年間を過ごした。それにもかかわらず、かのじょはいまだ、その語りに見られたように、「本国」の影に縛られながら「なんとかやっていく」ような生を強いられていた。徐京植は、そのような在日朝鮮人の生のあり方を、以下のように表現している。

在日朝鮮人は「想像上の故郷」としての朝鮮半島に郷愁や愛着を持つためにではなく、逆に、「想像」としては帰属意識をあまり持ち得ないにもかかわらず、朝鮮半島の政治的現実によって日常の生を拘束されているからこそ、自己解放の条件から「本国」という要素を外すことができないのだ。つまり民族的「想像」ではなく、民族的「現実」が国境を超えているのである。（徐

2002:173)

徐は、在日朝鮮人は、多少なりとも「コリア的なもの」との関係を自覚している限りにおいて、「民族的現実」からは逃れることができないと喝破する。たとえば「北朝鮮」に対する激しい蔑視や、「韓国＝反日」といったまなざしは、たとえ日常生活において直接当人に向けられないものであったとしても、自らが差別されうる存在であるということを自覚させるという意味では、常に在日朝鮮人の喉元に突きつけられていると考えてよいだろう。

従来、「民族的現実」は、日常生活の場面においても直接的差別としてしばしば顕在化してきたが、こんにち、生活水準の向上なども手伝い、「被差別者」としてではなく、日本社会を構成する一個人として日常生活を営むことができるようになった（と実感する）ことで、特に若い世代の在日朝鮮人にとっての「民族的現実」の経験のあり方は、過去とは大きく異なってきているように思われる。つまり、かれ／かのじょらは、日常生活の各場面で、何時いかなる状況で直接的差別が噴出するかがまったく予測できない状況を生きているのではないだろうか。脱構築論的研究が、こうした「民族的現実」の存在を見逃してきたのは、「現実」の経験のされ方が大きく変転していることを把握できなかったからだろう。

Y：（日本人の）友達にはもっと知ってほしいんですよ、在日韓国のことに限らず、韓国のこと、朝鮮のこと、いろいろ歴史知ってほしい・・・人の噂っていうか、人から人に間違って伝わるのが嫌なんですよ。間違った意味で捉える子もいるじゃないですか。・・・何回説明しても、無理な場合は無理やし、だから何も考えずに、仕方ないかなーって考えてるんですよね。

Y：いとこに韓文研（韓国文化研究会）行ってた子がいて、高校の時から「韓文研で友達とこういうことすんねん」って言ってて。で、「韓文研ってなんやろー」って思って、聞いたら、「あー在日の子らが集まってるサークルやでー」って言われて。もうそれ聞いただけでワクワクして。大学入って、そのいとこに頼んで、「今度行くとき連れてってー」って。

明日香は、自分が「在日韓国」であることを、日本人の友人に「もっと知ってほしい」と考えていた。日本社会で生を営む限りにおいて逃れることのできない「民族的現実」が、自らにとって重要な生活の場である日本人との友人関係において噴出しないように努力しようとした。しかし、「何も考えずに、仕方ない」と済ませてしまうことでしか、安定性を得ることができないこともしばしばであった。そうした状況が背景にあって、これまでほとんど在日朝鮮人と接触する機会のなかったかのじょであっても、やはり、他の在日朝鮮人との「出会い」を求めるようになった。それは、安定的で肯定的な生を営むためにはやはり必要なものなのである。

そもそも「在日朝鮮人社会」と呼ばれる共同体は、相互に民族的紐帯を希求しあうなかで出会い、つながりあった人びとの集合体である。そのような共同体における日常生活のあらゆる場面においては当然、自発的共同性にもとづく相互行為が観察されるはずである。それにもかかわらず、在日朝鮮人社会が本質主義的な民族主義に傾倒してきたのは、連帯すること自体が目的化されてしまい、民族を政治的必要性からのみ捉えるようになってしまったからだ。しかし、先述したように、ドミナントな民族観をめぐってあらゆる齟齬が生じてきており、それが明るみに出つつあるいま、在日朝鮮人の生活世界において、従来の共同性のあり方の改変を迫るような地殻変動が起こっていると捉えることは、決して奇をてらった見方ではないだろう。

では最初の疑問に立ち返って、「民族」は具体的にどういった理由で他者に対して開放的でありうるのかについて考えてみる。繰り返し述べているように、在日朝鮮人の多様性が可視化されることによって、「正統な」民族が虚構であることは暴露された。そのことが在日朝鮮人社会においても広く認知されつつあるなかで、あらためて「民族とは何か」という問いに対して明確な回答を用意することは困難である。しかし在日朝鮮人は、生活のあらゆる場面において、なんらかの形で「民族的現実」に縛られ、思考することを迫られるだろう。つまり「民族」は、本人の望むと望まないにかかわらず、歴史の長い影がいまなお「現実」を規定する状況において、相変わらず在日朝鮮人の生とは切り離して考えることのできないものとして存在しているのである。

従来、在日朝鮮人社会、特に民族団体内部においては、血統、言語、国籍、文化的同一性などといった客観的指標にもとづいて民族が定義される傾向が強かった。また、本国への憧憬や帰国への強い思いは、そうした民族観を強化するものであった。しかし、「ダブル」や日本籍取得者の加速度的な増加傾向などを考慮すれば、そのような民族の定義は、在日朝鮮人の現状を捉える概念としても、在日朝鮮人の共同性の求心力としても、もはや説得力を持ちえない。

これに対し、たとえば朝鮮総聯の傘下団体の活動家である金昌宣は、尹健次の言葉を引用しながら、三・四世世代が民族性を育むためには、「ダブル」や日本籍者に対して「最大公約数の民族」をもって接近する必要があり、そのためには「自らの来歴を確認する歴史への省察がもっとも重要な意味を持つ」(金昌宣 2008:62) と述べている。こうした定義が、在日朝鮮人社会において実際にどの程度の支持を得ているのかは分からないが、少なくともこれまで客観的な属性にもとづいて民族を定義してきた人びとにとって、エスニック/ナショナルなつながりを断ち切らないために、歴史性――「被害性」と言い換えることもできよう――に在日朝鮮人の共通項を見出すことは、客観的属性が策定する境界を越えたより広範な民族圏を生み出す可能性があるという点で、有効な考え方であるようにも思われる。

では、在日朝鮮人は、その歴史性に対して、実際にどのような態度をとってきたのだろうか。郭基煥は、多くの在日朝鮮人が、自らも「過去の苦痛と同じ種類の苦痛を経験するのではないか」という恐怖に捕らわれてきたと述べる。すなわち、過去に在日朝鮮人が味わってきた「受難」が自らに回帰することを避けたいと願うとき、在日朝鮮人は「差別するな」と日本人に向かって訴える。このとき、「語り、思考する在日は、他の在日を自分の背後に背負うような『代弁者』となってしまう。そしてまさにそのとき『代弁者』以外の他の在日は客体化されてしまう」（郭 2006:223, 226-7）。これまで、郭のいう「代弁者」の役割を担ってきたのは、語ることができる在日朝鮮人、すなわち在日朝鮮人社会の「正統性」を担う者――直接的に言及するならば、「純血」の、韓国・朝鮮籍を維持するヘテロセクシュアル男性ということになる――であった。つまり、歴史性に依拠して民族を再定義するという試みも、「受難が回帰することへの恐怖」（郭 2006:228）に捕らわれてしまっては、排他性を孕んだ共同性を生み出す要因となってしまうのである。「在日特権を許さない市民の会（在特会）」などによるヘイトスピーチや、東日本大震災発生時に横行したオンライン空間における関東大震災を彷彿させるようなデマゴーグをみていると、在日朝鮮人は確かに現代日本社会において「受難が回帰することへの恐怖」に囚われざるをえない状況にある。こうした状況はますます、在日朝鮮人が他の在日朝鮮人に目を向ける機会を奪い、結果として女性をはじめとしたマイノリティ・イン・マイノリティをめぐる問題は覆い隠されてしまう。それによって、結果的には在日朝鮮人の共同性は脆弱化し、対抗運動は弱体化してしまうのである。

郭は、こうした状況においては、「なぜ在日がこの問題（在日問題）を克服し得なかったか」、「なぜ在日は日本人にこの問題を解決させることができなかったのか」（郭 2006:224）と問うことが必要であると述べる。在日朝鮮人社会においてはしばしば、「在日朝鮮人問題は日本人問題である」と語られるが、それをあえて在日朝鮮人にとっての問題として引き受けるということだ。そうすることで在日朝鮮人は、過去の苦痛が回帰することに恐怖するのではなく、それに対して「自分が何もすることができないという絶望」（郭 2006:226）を感じることになる。その感覚は、「ときに私の現在の生に対する正当性の感覚を奪」（郭 2006:227）い、自らの生が特権的な位置にあることへの自覚を促すことになる。さらには「私と同じ時を生きる他者の苦痛を苦しむ」（郭 2006:227）感覚へと導かれ、他の在日朝鮮人とのつながりを志向し、模索するようになるのである。

郭は、そうしたつながりこそが、在日朝鮮人にとっての「不足」だったのではないかと述べる（郭 2006:228）。しかし同時に、その萌芽は、現代社会における在日朝鮮人の日常に垣間見ることができる。「民族的現実」に直面する在日朝鮮人にとっての日常は、「受難の歴史」との対話として捉えることができる。「民族的現実」に対処するためには、まずは自分自身がそうした「現実」に晒されている状況を「納得」する必要があり、「納得」のためには、「受難の歴史」の先に、自らを「正しく」位置づけなければならないからだ。そのとき、かれ／かのじょらはもはや、「被害性にもとづく共同性」に甘んじることはできない。なぜなら、個人にとっての「民族的現実」は、直接的な加害というより、今すぐにでも肯定的な生を脅かしうる「リスク」として立ち現われているからだ。それゆえ人びとは、従来型の民族共同体のような、特定のカテゴリーに依拠することによる安心を得ることができず、常に「存在論的不安」に苛まれる。しかし、だからこそ「私と同じ時を生きる他者の苦痛を苦しむ」という「より深い感性」にたどり着く可能性が高まってきているといえるだろう。もちろんこうした現状が、在日朝鮮人をめぐる問題が放置されたままあらゆる共同性が霧散してしまう危機を意味することは間違いないが、危機にあるからこそ、新たな連帯の萌芽を在日朝鮮人個人の日常に見出す試みはますます重要性を帯びてくるのである。

3　研究姿勢——「ディアスポラ研究」として

以上のような目的と問題意識のもとで在日朝鮮人の「民族」の現在を明らかにしていくわけだが、そうした研究に取り組むためのスタンスとして、ここでは在日朝鮮人の民族経験／実践を、「ディアスポラ」論の一環に位置づけて検討してみたい。なぜなら、「ディアスポラ」という概念は、「民族的現実」の複雑性を表現するのに有効な視点を提供してくれるものであるからだ。

在日朝鮮人を対象とした研究で、「ディアスポラ」をキー・コンセプトとしたものはそれほど多くない。「ディアスポラ」概念があらゆる人びとの越境的な離散と移動を表現する用語として積極的に用いられるようになったのが一九九〇年代に入ってからであった（野口・戴・島 2009:20）ということもあるが、「ディアスポラ」の定義のひとつとして最も頻繁に引用されるW・サフランの議論[※10]にもあるように、この概念に対して「『祖国』を神話化して取り扱い、いずれそこに帰還することを夢見ている」というイメージが強いことが、この用語の使用を避ける要因となっているのだろう。確かに、サフランによる定義は、福岡安則のいうところの「祖国志向」[※11]を連想させるものであり、在日朝鮮人のエスニシティの現状分析にはそぐわないものであると捉えられているのかもしれない。

韓国におけるディアスポラ概念に依拠した在外コリアン研究もやはり、二〇〇〇年代に入ってから

さかんにおこなわれるようになった（박명규 2004、윤인진 2004など）。たとえば、在外韓人学会会長であるユン・インジン（尹麟鎭）は、「サフランのディアスポラ概念はあくまでも理念型として把握しなければならず、すべてのディアスポラを一律的に評価するのは不可能」（윤인진 2004:6）であり、ディアスポラ概念を世界各地に点在するコリアンを包括的にとらえる視点として用いるためには、「韓民族の血統をもった人びとが、母国を離れ、世界各地に移住し生きている分散状態」（윤인진 2004:8）と広く定義する必要があると述べている。また、ユンは、韓国が在外コリアンの居住地における現地化を推奨してきたことや、在米や在日など特定の地域、朝鮮南部出身者、親韓的組織のみを選別して活用してきたこと、母国への経済的・文化的貢献ばかりを期待し、在外コリアンへの援助を怠ってきたことを批判したうえで（윤인진 2004:326–327）、「全世界の韓人と母国を『韓民族共同体』というひとつの共同体として結び、それぞれのあいだの交流と協力を活性化」（윤인진 2004:16）させる必要があると言及している。つまり、彼がディアスポラ概念を広くとらえようとするのは、全世界規模の韓人ネットワークを構築するために、各地域の在外コリアンの経験の共通性を描き出したいという意図に支えられているのである。

こうした研究に対し、歴史学者であるキム・クィオク（金貴玉）は、ホームランドとの結びつきを強調する定義を「旧ディアスポラ」、「全世界を背景にした人口移動と分散居住状況」を指す広い意味でのディアスポラ論を「新ディアスポラ」と名付けたうえで、「大韓民国と国交を結んだ中国やロシア、ウズベキスタンに居住する海外同胞の韓国訪問が容易であるのに対して、いまだ冷戦構造が解体

されていない南北の離散家族や朝鮮籍の在日朝鮮人と韓国の離散家族の交流は簡単ではな」く、その意味で離散家族や在日朝鮮人は『旧ディアスポラ』共同体として二一世紀を生きて」おり、したがって「新ディアスポラ」の視点からは「朝鮮半島の内と外で、植民や分断、朝鮮戦争がいかなる相互作用が存在し、それに伴ってコリアン・ディアスポラにいかなる影響が及ぼされたのか」を把握し説明できていないと批判している（김귀옥 2010:55–57）。

キム・クィオクが指摘するように、在日朝鮮人のエスニシティの現状を解明するうえで、「歴史」と個人の関係性についての検討は避けられず、そうした視点を欠いてきた日本と韓国における在日朝鮮人研究の領域において、「ホームランド」や「ナショナリズム」を考察の俎上に載せるために「旧ディアスポラ」概念に着目することには、一定の有効性があると考えられる。

この点、ブラズィールとマノアによる「ディアスポラ」概念の定義は非常に明快である。両者は、しばしば混同されがちな「トランスナショナリズム」と「ディアスポラ」という二つの概念を区別して用いるべきだと述べる。すなわち、「トランスナショナリズム」は人や資本、商品、アイデアなどの移動を非人称的な（impersonal）視点から捉えるものであり、それに対して「ディアスポラ」は、トランスナショナリズムに付随するものではあるが、経済やテクノロジーの動きには還元されないような、あくまでも人によって生きられ、経験された現象を指して用いられる（Braziel & Mannur 2003:8）。この区分にしたがうならば、トランスナショナリズムの視点は、国境横断的な人びとの存在を、境界を侵食するものとして一面的にしか描くことができないいっぽう、ディアスポラの視点は、

「国家」や「民族」を再考する機会を生み出し、なおかつグローバル化に対する批判的視点を提供することになる。

また、ソニア・リャンによる研究は、上述した意味でのトランスナショナリズム的な視点を拒否し、在日朝鮮人の経験を「ディアスポラ」の視角から捉え直そうとしているという点で、興味深い。たとえばリャンは、著作『コリアン・ディアスポラ』において、ある在日朝鮮人一世の男性の語りを引用している。かれは、一九五五年に総聯が結成された頃から「非専従」[※12]として活動した。活動のなかでかれは、「冷戦の緊張の高まりにあっては戦いとるべき栄光に満ちた祖国があり、いずれはそこに帰るのだとの幻想を抱くことができた」が、事実上冷戦が終結してからは、「明確な敵のイメージは消え失せた」（リャン 2005:199）。気づいてみると、総聯の使節団として一度、朝鮮民主主義人民共和国を訪れたことはあったが、かれにとっての「朝鮮」は、結局はほとんど外国のようなものであった。イデオロギー的自己意識のもとでイメージしてきた「故国と帰郷」が、結局は「神話」にすぎなかったことを自覚するに至ったのだ。そのうえ、「日本の市民社会への参加が今なお閉ざされている」なか、「ふるさと」に戻ることも新たに作り出すことのできないような「宙ぶらりんの状態」に置かれているのが現状である（リャン 2005:202-203）。リャンは、それこそがまさにディアスポラとしての経験であると述べている。

このようにリャンは、ディアスポラ概念を導入することで、在日朝鮮人の民族的現実と「受難の歴史」の遠さが、ありふれた日常として経験される様子を描き出すことに成功している。リャンのディアスポラ観は、J・クリフォードに強く影響を受けている。クリフォードは、ディアスポラ状態にある人びとが有する「トランスナショナル」な文化が、多少なりとも国民国家を転覆させるような存在であることを認めながらも、そのことを単純に賞揚し、一貫して反ナショナリズム的であるとみなすことを拒否する。なぜなら、ディアスポラもまた「国家的熱望をもつ」のであり、「反ナショナリズム的ナショナリズム」という形態をとることもありうるからだ（Clifford 1994＝1998:126）。また、ディアスポラ言説がポストモダン的な理論的言説に回収されてしまうことを避けるためには、それを「特定の地図・歴史の中へ経路づける」（Clifford 1994＝1998:140）必要があり、そうすることでこそ、ディアスポラ言説から、国民国家の枠組みを超えたトランスナショナルな生活モデルの具体的未来像を見出すことができると述べる。こうした視点から描かれる在日朝鮮人一世の「歴史性」は、三世である〈私〉が従来思い描いてきた一世のイメージ――「いずれは祖国へ帰国する」という明確な目的のもとで、在日朝鮮人が民族性を育むための基盤を作った人びと――とはかけ離れたものであった。すなわち、一世という存在を、従来のように在日朝鮮人の「根源（roots）」として扱うのではなく、現在に至るまでの「経路（routes）」として描き出すことによって、在日朝鮮人の「民族的現実」の複雑性を表現しようとしたのである。

また、P・ギルロイは、「非伝統的な伝統」、すなわち「変わっていく同じもの（changing same）の生きた記憶として再定義される伝統」は、「異種混淆化と相互混合の物語のなかのまとまりのない要素であって、その源泉が何であろうと、文化的で人種的な純粋性への欲望を必ず挫折させるもの」であるがゆえに、「ディアスポラの会話を可能にする性質」、「つながりあうことのプロセス」を有するものである（Gilroy 1993＝2002:385–387）と述べている。クリフォードもこれに賛同し、伝統は「部分的に連携された歴史のネットワークであり、絶えず置きかえられ再発明される横断の時間・空間」（Clifford 1994＝1998:142）であると言及している。この点、（ディアスポラ論における共同性に関する議論について直接言及しているわけではないが）リャンが描いた一世の姿は、一世を一貫して「起源」として捉えてきた従来の〈私〉に動揺と混乱を与え、「民族」をめぐる不安定性に満ちた対話的空間へと導くものであった。

このことは、ディアスポラの経験を語り、記述するという営為が、その対話性を様々な角度から発見していくことによって、あらゆるカテゴリー化言説に対する批判的実践となる可能性を示しているのではないだろうか。だとすれば、ディアスポラ概念は、マイノリティによる政治闘争に活用可能な理論となる可能性を秘めていることになる。

【註】

※1　本書では、日本の外国人登録上の国籍表記の如何を問わず、また日本国籍取得者も含め、戦前戦後にかかわらず、日本による朝鮮植民地支配の影響によって日本に移住した朝鮮半島出身者

とその子孫の総称として「在日朝鮮人」という呼称を用いる。国籍や出自、イデオロギーなどの違いを示したい場合には、その都度説明を加える。

※2　本書では、三人称複数を表す人称代名詞として、「かれ／かのじょら」を用いる。日本語にはthey に該当するようなジェンダーニュートラルな代名詞が存在しない。そのため、便宜上「かれ／かのじょら」を用いざるをえないが、それを男女二元論に基づいて用いるものではないことを表現するために、ひらがなで表記する。また、同様の理由から、三人称単数を表す人称代名詞として「かれ」「かのじょ」を、指定された人物の性自認に基づいて使用する。しかし、こうした用法を用いてもなお、一方的な他者による規定の可能性が排除されるわけではもちろんなく、その意味で完全にニュートラルな表現ではないということを確認しておく。

※3　本書では倉石（2007）や橋本（2010b）に倣い、筆者を指す語として、特に「調査対象者である個人に向き合う個人＝聞き手」（橋本 2010b:31）として強調したい場合に、〈私〉と表記する。

※4　金泰泳は、日本名に変更したインフォーマントの語りから、その「柔軟なアイデンティティ」の可能性を読み取ろうとしたが、それは多くのアクティヴィストの批判の対象となったという（金泰泳 1999:192-196）。

※5　他に、こうした視点を踏襲した研究として、山脇啓造（2000）や、佐々木てる（2006）などが挙げられる。

※6　なお、本書ではこの意味での民族を、「民族」と括弧つきで表記している。ただし、「民族経

験」や「民族実践」などといった複合語においては、括弧を省略する場合がある。

**7 金泰泳によるこのような分析は、「はじめに」でも言及したM・ド・セルトーの「戦術」論によっても裏づけられる。在日朝鮮人は、管理と排除のまなざしを受け、常に受動的な生を営んでいるわけでもなく、また「民族的現実」を眼前にして、国民国家という枠組みにまったくとらわれずに思考し行動できるわけでもない。そのような状況のもとで生起する共同性は、「明確な境界とアイデンティティを再生産する一方で」、「その内実においてはかなりの程度の変異と流動性を継続的に創り出」(松田 2009:84) すものであると考えられる。

**8 なお、このような見方は決して没歴史的なものではない。生活互助的な連帯としての「民族」は、われわれが在日朝鮮人社会と呼ぶ生活共同体が発生した時点から存在したものであり、在日朝鮮人運動の基盤を提供しつづけてきたと考える。たとえば、一九二〇年代半ば以降から一九三〇年代半ばまでのあいだに、「前衛ならざる」一般の在日朝鮮人によって繰り広げられた「民族的生活権闘争」が、「しばしば自然発生的な助け合いの延長として行われ、社会主義者とはもともと無縁の親睦扶助団体を基礎に展開されていた」(外村 2004:224-244) という歴史をみれば、それは明らかである。

**9 その具体的な方法論については第1章で議論する。

**10 サフランは、ディアスポラの特徴として、以下の六点を挙げている。1:ひとつのオリジナルな中心から、周縁的な場所か外国に離散した。2:ホームランドについて共通した記憶や思い、または神話を維持している。３：ホスト社会に完全に受け入れられることがないと信じ、疎外感や屈辱感をもっている。４：祖先の地であるホームランドを真正な理想的な「ホーム」であるとしみなし、最終的に帰るべき場所であると信じられている。５：ホームランドの維持や回復にコミュニティ全体で献身的にかかわっている。６：ホームランドにかんして、なんらかの形で言及、関与し続けている（Safran 1991:83-84）。

**11 「『祖国の発展』『祖国の統一』に寄与する」ことを志向し、「日本社会にいても、日本に同化することなく、『在外公民』としての自覚をもち、『在日朝鮮人社会』を維持していかなければならない」と考えるようなタイプの人びとの志向性（福岡 1997:92）。

**12 報酬の発生する専従職員としてではなく、あくまでもボランティアとして活動する者を指す。

第1章

「個人」に立脚し、経験を記述する

――〈私〉のポジショナリティと研究方法

1　はじめに

本章では、事例の検討を通じて在日朝鮮人にとっての「民族」を日常レベルで捉えることを試みる前提として、まず〈私〉が自分自身のポジショナリティ（立場性）をどのようにとらえているのかを表明し、さらには、序論で言及した目的を達成するうえで筆者が依拠する「個人」への立脚という方法論がなぜ有効なのかについて言及する。

在日朝鮮人という存在を「日本による朝鮮植民地支配が原因となって日本に渡航せざるをえなかった者およびその子孫」という歴史的文脈から定義するならば、〈私〉はその「当事者」ということになる。（本書のような）「在日朝鮮人による在日朝鮮人研究」はしばしば「当事者研究」とみなされるが、〈私〉自身もやはり「当事者」性を出発点として研究の世界に足を踏み入れた経験をもつ。なぜ在日朝鮮人は在日朝鮮人であることを理由に差別・抑圧を受けるのか。それに対して在日朝鮮人は何を思い、どのような生を営んでいるのか。そして、差別・抑圧構造を打破するためにはどうすればいいのか。こうした疑問に「当事者」としての立場から取り組みたいという思いが、当初は研究の原動力になっていた。しかしその後、〈私〉は一度たりとも在日朝鮮人である被調査者らと「当事者どうし」として出会うことはなかったように思う。〈私〉の「当事者」としてのポジショナリティは、被調査者との出会いを通して揺らぎ、崩れていった。

まずは、このような「在日朝鮮人を研究する在日朝鮮人」である〈私〉の経験をもとに、「当事者性という概念、あるいは「当事者研究」という姿勢が内包する問題に言及する。

2 〈私〉のポジショナリティ

2-1 〈私〉とは誰か

私は、在日朝鮮人である。そのように規定するのは、祖父母あるいは曽祖父母が植民地期に朝鮮半島から日本へ移住したという歴史的経緯にもとづいている。両親はともに、いわゆる「民族意識の強い」家庭で生まれ育った。両家は総聯と深いかかわりを持ち、両親は総聯系の民族学校で民族教育を受けた。こうした家庭環境のもとで〈私〉は、「自然」と在日朝鮮人を自称するようになった。家庭環境以外にも、小学生のころは民族教育を受け、大学入学後は民族学生団体に所属し、多くの在日朝鮮人との接触機会を有していたことも、在日朝鮮人としてのアイデンティフィケーションを支えてきた。また、韓国籍者であることは、非日本人であることを客観的に確認するためのひとつの「シンボル」として機能してきた[※1]。生まれてこの方、一貫して「李洪章」という民族名を使用してきたことも、私のエスニック・アイデンティティのあり方を示す重要なシンボルとなっている。姓名は他者に対して自らのエスニックな属性を表明するもっとも重要な手段であるため、「自他ともに認める在日朝鮮人」としての〈私〉を確立するために、民族名は大きな役割を果たしている。もちろん、現在に至るまで、在日朝鮮人としての「アイデンティティ・クライシス」を経験しなかったわけではない。少なからず差別を経験したし、日本学校に通っていた時期に、在日朝鮮人であることを恥じ、隠したいと思うこともあった。しかし、周囲に支えられ、比較的「安定」的な生を営むことができたといえるだろう。

こうした「安定」的生は、〈私〉の属性、あるいは在日朝鮮人社会内部において〈私〉が置かれてきた・獲得してきた立場によって保障されている。性自認が男性で、性別に違和感をもたず、異性愛を指向し、長男であり、民族教育経験があり、民族組織とのつながりを持ち、配偶者が同じ韓国籍の在日朝鮮人である、といった立場にあるからこそ、〈私〉の生は「安定」的なのである。つまり、〈私〉は、在日朝鮮人社会内部においては、支配的な立場にある、いわば「正統」な在日朝鮮人であるということだ。

2-2 「在日朝鮮人」カテゴリーからの脱却

しかし、〈私〉は大学入学後、あらゆる在日朝鮮人との出会いを通して、この「安定」性が内包する暴力性を問われることになる。民族団体においてはしばしば、参加条件として「国籍を問わない」ことや、「『ダブル』[※2]（いわゆる『ハーフ』や『クォーター』）も対象」であることが強調される。それは、日本籍者や「ダブル」の多くもまた、韓国・朝鮮籍者を有する「純血」者こそが「在日朝鮮人」であるという既存の前提を共有しているがために、かれ／かのじょらが「在日朝鮮人」を自称していない状況があることを示唆している。やはり、〈私〉を取り巻く環境も、韓国・朝鮮籍を有する「純血」者を中心に構成されていた。在日朝鮮人が日本国籍を喪失した一九五二年から計三〇万人以上が日本国籍を取得し、また二〇一〇年からの一年間の在日朝鮮人の結婚の約八七％が日本人との結婚である[※3]ことを考慮すると、〈私〉が身を置く「在日朝鮮人社会」が、「純血」の韓国・朝鮮籍者で占められている[※4]いるということは、極めて不自然な状況であるということが分かる。

〈私〉がそのことに気付いたのは、やはり「ダブル」との出会いにあった。「はじめに」でも述べたが、〈私〉は、所属していた民族学生団体の活動において、「ダブル」のアイデンティティの問題についてディスカッションしていたときに、「ダブル」である後輩から「僕の気持ちはわかりっこない」と言われたことがある。〈私〉は、「ダブル」が排除・周縁化される状況の解決を図るためには、「国籍」や「血統」ではなく、歴史性にもとづいて「在日朝鮮人」を定義する必要があると考えていた。なぜなら、「ダブル」であっても、その定義に拠れば「在日朝鮮人」カテゴリーに包摂することが可能であるからだ。しかし、かれ／かのじょらは、日本人を親に持つがゆえに、そうした歴史性にもとづいた定義を意識すればするほど、「日本人」としての歴史的なポジショナリティについても自問せざるをえない。「在日朝鮮人」カテゴリーに依拠する限り、そうした歴史性に対するスタンスを共有することはできないということを、かれは訴えようとしたのだろう。

少なくとも現時点で、〈私〉が知る「在日朝鮮人社会」は、こうした「ダブル」のアンビバレントなポジショナリティに思いを馳せるような空間であるとは言えない。「在日朝鮮人とは誰か」という問いを立て、かれ／かのじょらを排除してきた枠組みの再定義が試みられた場合でも、「在日朝鮮人」カテゴリーの存在がアプリオリに前提とされていることに変わりはなく、支配的カテゴリーの解体ではなく、その境界の拡張が目指されるにすぎない。つまり、かれ／かのじょらとの有機的な連帯が目指されているわけではなく、「在日朝鮮人」として承認・包摂する可能性が担保されるにすぎないのである。

このような「在日朝鮮人社会」に属し、支えられてきた〈私〉にとって、「ダブル」との出会いを通して得た経験はすべて、まずは一旦、自己省察の文脈で消化せざるをえないものであった。それゆえ、〈私〉は研究を開始した当初から、「在日朝鮮人」カテゴリーを前提とした思考から脱却することを、当面の目標として掲げることになったのである。

2-3 「個人」への立脚

しかし〈私〉は、自身が「当事者」であるということにはなお強いこだわりを持っていた。〈私〉はこの時点で、「当事者」という用語を、日本社会において在日朝鮮人としてまなざされ、何らかの被差別を経験している人びとを指すものとして用いていた。すなわち、たとえ「在日朝鮮人」カテゴリーが打破されるべきものであったとしても、在日朝鮮人の被害性を無化するわけにはいかないという強い思いがあったのだ。しかし、ここでも〈私〉は、「ダブル」を対象とした研究を通じて、「当事者」という立場性までをも捨て去るべきだという考えに至ることになる。ここでは、〈私〉と「ダブル」である安田直人とのインタビューを具体例として、実際に〈私〉が「当事者」という立場に対する考え方をどのように変化させていったのかを見ていく。※5

〈私〉は、インタビューを行う前に入手した直人の手記のなかで、かれが、「抑圧者としての日本人と被抑圧者としての在日朝鮮人」という二項対立的な問いの立て方は不毛であるということを何度も主張していたことに強い違和感を覚えた。〈私〉はかれの見解を、日本人と在日朝鮮人とのあいだに厳然として存在する加害被害関係を無視するような意見として捉えたのである。

（以下、Yは安田直人、＊は筆者による発話）

＊：植民地主義とか戦争責任、あと加害と被害を考えるときに、果たして「ダブル」の人たちはどのようなポジションに立つのか、あるいはそれ自体考えないのか、いろいろあると思うんですけど、それについてはどう考えていますか？

Y：第一の点についてはね、まあ、日本民族が朝鮮人を、日本人が朝鮮人を差別するというのは一つの固定した観念で、現れるのは、ある一人の人とかある複数の人が、ある一人の人とかある複数の人を、こう、攻撃すると。

＊：ああ、具体的な形としてはそういうふうに現れると。

Y：そうそう。と思うけどね。具体的に日々起こっている具体的な事象は、それは朝鮮人とか日本人に回収されないと思いますけどね。ある一人の日本人と、ある一人の朝鮮人。だって、朝鮮人だと言って差別しない人もたくさんいるでしょ？

その後、インタビューの場において〈私〉は、手記を読んで感じた強い違和にもとづき、在日朝鮮人「当事者」としてその歴史的被害性を強調した。それに対して、かれはやはり、議論を日本と朝鮮に限定するべきではない、と主張しつづけた。かれは、被害者性を強調することが「在日朝鮮人」カテゴリーを強化し排他性を強めていると、自らの経験にもとづいて批判した。しかし、既存の民族運動の側からすれば、かれの言葉は今なお被害の歴史が清算されぬまま残存し続けていることや、継続して在日朝鮮人が差別されていることを黙認する意見として受け取られるだろう。〈私〉もまさにそうした立場から、強い猜疑心をもってかれの語りと向き合っていたのである。

当時の〈私〉がかれとのインタビューを望んだのは、かれが「ダブル」として何を考えているのかを知り、それをふまえて在日朝鮮人社会の将来像を展望するためであった。それにもかかわらず、〈私〉とかれとのあいだで、在日朝鮮人社会のあり方に関する議論は硬直的なものとなった。それは、〈私〉の「当事者」性への過度なこだわりに起因している。つまり、血統や国籍などの属性によって規定された「正統」性を批判しながらも、結局は、被害性を基礎とする「当事者」カテゴリーに、「ダブル」を当てはめて捉えようとしていたのである。

上に引用した語りに続けて、直人は以下のように語った。

Y：結局もう、日本に住んでるんだから、国籍が日本である人と同等の権利を求めるっていう、市民権獲得の運動をしていけば。それとともにさっき言ったような、国籍そのものが消滅していくという、ことを加えればね、もはや国籍とか名前とかで括る括り方はできなくなっていくだろうなーという、正直言ってもう。で、その中で、日本籍で民族名を使うっていう人が一握り残って、あとは朝鮮系の日本人が残ると。で、朝鮮系だってことが言える、言えればね、僕は別に全然構わないんじゃないかなと思ってて。

〈私〉はこの語りを当初、国籍による差別や、民族名を用いることによる「生きづらさ」を軽視するものとして捉えていた。しかし、あくまでもこの語りは、「当事者」カテゴリーに依拠して語る〈私〉に対して発せられたものである。したがって、在日朝鮮人社会にみられる、韓国・朝鮮籍を維持し、民族名を使用することを無条件で「善」とする価値基準に対する異議申し立てとみなすべきだろう。

〈私〉はこのような経験を経て、また、語りを繰り返し読み直していくうちに、インフォーマントとの対面関係において「当事者」という立場には依拠すべきではないという考えに至った。「当事者」という用語は、ある問題の影響・被害を直接的に受けている人々を指して用いられるのが一般的だろう。しかし、その「当事者」という考え方には、二つの問題が含まれている。まず、「当事者」カテゴリーに甘んじることによって、自らが他者を差別し抑圧する可能性を不問に付してしまう点である。言い換えれば、カテゴリー内部の多様性を隠ぺいし、そこに潜む権力関係との無関係を装ってしまうのである。もうひとつは、異なる立場にある人びとを「当事者」として一括りにすることで、「当事者意識の強弱」という価値基準が持ち込まれてしまう問題である。

以上の理由から、〈私〉は、「当事者研究」と意識的に訣別したうえで、在日朝鮮人「個人」による実践に着目するようになった。すなわち、民族的現実が個人によってどのように経験されているのかを詳述し、そのうえでその個人による民族実践が、伝統的な規範と秩序に拘束されながらも、それらを内部から変容させる可能性を論じていく。この「個人」性を解明するという試みにおいて、特定の支配的カテゴリーにおける価値基準が持ち込まれることは妨げにしかならない。なぜなら、個人による実践の価値は、その個人にのみ帰属するものであるからだ。ここで必要とされているのは、その個人を「理解」することである。その「理解」は、民族実践者たる個人と「私」とのあいだに共同性を生むための前提となり、その「個人」が思う「生きやすい社会」を創造する可能性を開くことへと繋がるのである。

2-4 秩序を揺るがす「個人」

ただし、個人に着目するといっても、自律的な個人、すなわち「主体」を強調するあまり、社会の秩序や構造による制約の、自己決定に対する影響力を軽視するようなポストモダン的な個人主義に依拠するものではないということは強調しておきたい。ポストモダン的思想にもとづいた在日朝鮮人研究は、在日朝鮮人の被差別性のみを取り出して描き出し、主体的な活動による社会の変革可能性を覆い隠すような思潮に異議を唱える、「解放の思想」として提唱されてきた。しかし、たとえば新自由主義のもとでは、「理性的で自律的な個人」という見方はむしろ、支配する側の論理として提唱されており、したがって、ポストモダン的思想は本来の意図とは逆にそれを肯定し、人びとを権力に従属させる論理として働いてしまう。その意味では、ポストモダニストが提唱する「個人の自由」なるものは、個人は秩序と構造のもとで自由にふるまっていると錯覚しているにすぎないと指摘する構造主義的視点によって棄却されざるをえないのである。

しかし実際は、個人は社会構造から完全に自律した個人でも、思考を停止させ、社会構造に従属しつづける単なる客体でもない。繰り返しになるが、在日朝鮮人は、日本社会における差別的・抑圧構造、あるいは南北分断という冷戦構造の残滓、あるいはそうした構造に対抗する形で形成された定型句的民族観に縛られながらも、「異なる他者」との具体的な関係性がそれらの構造的要因によって一義的に決定されてしまうことを避けるようにして日常生活を営んでいる。そのような個人による複雑な生活実践こそが、主体―客体の二元論を超えたところで社会の変革可能性を議論する、唯一の回路なのではないだろうか。

では、どのようにして社会の秩序は個人によって揺るがされうるのか。。人と人との相互行為に関する数多くの論考を生み出してきた社会学者のA・ゴッフマンは、人びとの日常的な営みの蓄積が、安定的で、支配的秩序を生み出していると述べる。ゴッフマンは、人びとの「出会い（encounter）」[※6]における秩序について、ゲームの世界になぞらえながら、「無関係ルール（rules of irrelevance）」と「変形ルール（transformation rule）」という概念によって説明している。「無関係ルール」とは、プレイヤーがゲームに没頭するためにゲームとは直接的に関係のない事柄を排除するような様子を指す。「出会い」においても同様に、「参加者自体の特性のあるものは、あたかも存在しないように取り扱われ」（Goffman 1961＝1985:7）ることで、外部世界と「出会い」の世界は遮断される（Goffman 1961＝1985:14）。そして、その「出会い」の参加者には、その出会いだけに限られた局所的な役割（「具現化されるリソース（realized resources）」）が与えられる。しかし、英国の紳士による「誰かテニスをなさいませんか」という呼びかけが、実際は使用人の応答を許していないように、「出会い」の世界における、「具現化されるリソース」は外部の世界から何かしら（この例の場合は英国紳士と使用人とが対等に交流することはありえないという「世間一般的な常識」）の影響を受ける。つまり、外部の世界と「出会い」の間に設けられる境界は、「堅い壁というよりも、むしろスクリーンのようなもの」である。そして、「このスクリーンは、それを通過するものを単に選択するだけではなく、変形させたり修正したりする」。ゴッフマンはその際の変形・修正の基準を「変形ルール」と呼んでいる（Goffman 1961＝1985:19–23）。人びとは、以上のようなルールによって定められた世界に対する自発的関与に没頭しているときに気楽さや安心を得、そうでないときに緊張や不安を感じるのである（Goffman 1961＝1985:34）。

また、ゴッフマンは、相互行為が外部世界からの影響を受けるという「脆さ」を認めたうえで、たとえば意図的・偶発的に緊張が高まるような「事件」の発生や、参加している出会いから注意をそらすような行為などによって相互行為秩序が乱れる可能性について注意深く検証している（Goffman 1961＝1985:38-57; Goffman 1963＝1980:189-201など）。しかしかれは、そうした行為が、相互行為秩序を変革する可能性にはほとんど言及していない。つまり、あくまでも、そうした危機に際して人びとが「相互行為儀礼（interaction ritual）」を通して秩序の回復に努める姿に着目しているのである。

草柳千早は、そうしたゴッフマンによる議論の限界性を認めたうえで、しかしかれの議論は、「秩序の脆弱さと、一人一人がその潜在的な綻びであるようなわれわれ一人ひとりとの関係」（草柳2004:207）を示すものとして読み取ることができると述べる。つまり、一見、秩序に対して従順であるように見えたとしても、人は「過剰なものとしての自己」、すなわち「完全に同一化しえず自己忘却しえないことが自己の証であるような者」（草柳 2004:206-207）としてその秩序に参加しており、それゆえ相互行為秩序は揺るがされ、変化する可能性を有しているのである。

また、S・ラヴィやK・ナラヤンら人類学者のグループは、アジア、アフリカ、ヨーロッパなどのあらゆる地域でのフィールド調査を通して、平凡な日常的な営みのなかで、自分たちの継承した伝統的な様式に拘束されながらも、置かれた状況に合わせて、少しずつその内実を変容させていく様子を描き出した。このような、「既存の文化的実践を、コミュニティやそのメンバーの一部によって価値を見出された方法によって変えていくような人間の活動」を、かのじょらは「創造性（creativity）」

と定義する（Lavie, Narayan, & Rosaldo 1993: [5]）。この議論に従えば、ゴッフマンのいう「事件」や「注意をそらすこと」によってたびたび乱されながらも、人々の努力の末に回復する相互行為秩序は、実のところ緩やかに変容していることになる。

解放後の華々しい在日朝鮮人運動の歴史と比較すると一見瑣末なものに見える、在日朝鮮人個人による「民族実践」に視点を移すことは、運動の後退、あるいは個人主義イデオロギーへの屈服であるかのように映るかもしれない。しかし、在日朝鮮人の日常的実践が、エスニシティの共通性を基礎とした伝統的な民族共同体の存在を思考の前提とし、あるいはそこに生活の基盤を置きながらも、自分自身が直面する「民族的現実」に対処するために、他の在日朝鮮人の関係のつくりかえを志向しているとすれば、それは「創造」的な行為に他ならない。換言すれば、特定の支配的カテゴリーに依拠した民族共同体を開放し、なおかつ差別や抑圧に対する「抵抗」となりうるような連帯の再構築を模索するうえで、われわれが着目すべきなのは、「創造性」の主体たる「個人」なのである。

3　「当事者研究」を超えて

以上のような理由で〈私〉は、当事者性に依拠することに対して否定的な意見を持つようになった。しかし、障害学をはじめとして、「当事者研究」を掲げた研究は増加傾向にあり、それと同時に当事者性に関する議論も活発化している。では、その当事者研究に携わる者たちは、自らの当事者性についかなる利点を見出しているのだろうか。

たとえば、「1型糖尿病当事者」である飯牟礼悦子は、当事者であることの利点として、「研究者が当該問題の『当事者』である場合、その経験の中で体験し感じられた言葉にならない感覚（暗黙知）や、その体験に基づいた「経験知」ベースの問題を提起することが可能となる」（飯牟礼 2007:115）ことを挙げている。また、「神経難病患者」という立場から、身体障害当事者を対象とした研究を行っている鈴木隆雄は、飯牟礼と同様、「言葉や行為」を共有するがゆえに、研究対象にアクセスする際、あるいはラポールを構築する際に、当事者研究者は非当事者と比べ、非常にハードルが低いことを利点として挙げている（鈴木 2010:70）。他方、欠点として、両者は共通して、「暗黙知」や「経験知」を共有することが、研究としての客観性を失わせる要因となりうることを指摘し、それぞれ、「一・五人称の視点」※7（飯牟礼 2007:119–122）や、「自己エスノグラフィ」※8（鈴木 2010:71–72）を導入することで、客観性を担保する必要性を論じている。

しかし、こうした両者の見解に対しては、そもそも「暗黙知」や「経験知」のあり方を明らかにするうえで、なぜインフォーマントと接触する必要があるのかという疑問を禁じえない。それがすでにインフォーマントとのあいだであらかじめ共有されたものであるならば、「研究」の名の下で敢えてインフォーマントに負担を強いる必要はなく、自己を開示すればそれで済むからだ。

樋口直人は、こうした「無徴性を失う代わりに当事者性を獲得できる」とする「当事者研究」の趨勢に対し、「これは論理的に研究者の無徴性※9そのものに疑問を呈するものではなく、本来は無徴な研究者が『研究に必要な』特性を身に纏うだけのことにすぎない」と喝破する（樋口 2010:90）。つまり、「暗黙知」や「経験知」の共有を前提とした「当事者研究」は、当事者に寄り添う存在であることを宣言したり、自分自身も対象者であることを主張したりすることによって、研究者としての「有徴性」――たとえば、インタビューアーは、必ず何かしらの意図をもってインフォーマントと接触し、記述の際に自らの関心にもとづいて語りを抽象することや、時には痛みを伴った経験の語りを強いることを営みとしているという点で、根源的な暴力性を有しているということ――を乗り越えたものとみなしてしまっているのである。しかし実際は、「研究という営みは、どのような形であれ世界を対象化し論理的に操作して提示する運命から逃れられない」（樋口 2010:99）。それ以前に、「当事者」としての研究者が、調査対象者を「当事者」にカテゴライズし、当事者性の強弱を評価すること自体がきわめて暴力的な行為だといえるだろう。そうした暴力性を本当の意味で乗り越えるためには、「自らを常に対象化し検証に付す」ことで、「研究する者」としての「当事者性を貫徹させていくしかない」（樋口 2010:99）のである。

4 「実感」への依拠

ここまで、〈私〉が研究に取り組むにあたって、「当事者性」や「当事者研究」といった枠組みにとどまることなく、あくまでも個人に依拠した研究スタンスを目指しているということを表明した。それはすなわち、インフォーマントの語りを記述していく際に、特定のカテゴリーに依拠する〈私〉が、自らの価値基準をできるだけ持ち込まないための姿勢である。それは研究姿勢としてのみならず、語りをそのまま経験として記述することを可能にするための方法論的手続きでもある。

しかし、そうすることで、ただちに調査・記述における〈私〉の介入を不問に付することができると考えているわけでもない。むしろ〈私〉は、自らの政治性を不問に付することは根源的に不可能であるという立場に立つ。好井裕明は、「ある現実でひとびとが使用している現実構築の『方法』それ自体を、現実外部から、一切の干渉なく、記述」するという意味での「エスノメソドロジー的無関心」という方法論的手続きに対し、それを行使するだけで「『わたし』をまるごとカッコに入れられると考えるのは、あまりに楽天的すぎるのではないだろうか」と批判している（好井 1999:129-132）。好井が主張しているのは、「記述するわたし」が同時に生活者でもあり、また調査対象者が抱える問題に「関心」をもつ者である以上、記述への「わたし」の影響を排除することは不可能であるということだ（好井 1999:131）。さらには、分析や記述に取り組むことは、「ある『問題』をめぐる分析者自身の『関心』と分析対象との〝螺旋運動〟に巻き込まれている」ことを意味するのであって、「対象となる相互行為の〝何〟に〝どのように関心があるのか〟」を「『反省的』に検討する」ことでその螺旋を進んでいくことでしか、対象の経験を分析し記述するという営為は成立しえないと主張する（好井 1999:133）。

本書は、こうした好井の主張に同意するものである。〈私〉による記述もやはり、調査対象である在日朝鮮人の語りに対し、〈私〉が経験した違和感や衝撃などの「実感」にもとづいて語りを選択し、その「実感」の正体を探りながら、語り手による経験の理解を試みるものである。実感への依拠は、ややもすると、独り善がりなものであり、研究者の姿勢としてふさわしくないものであると批判されるかもしれない。しかし筆者はむしろ、在日朝鮮人による民族実践がもつ共同性を発見するうえで、有効な方法であると考えている。

松田素二は、調査者と被調査者とのあいだに厳然として存在する権力関係を乗り越え、フィールドワークを可能にする方法として、中野卓らによる「歴然として存在する構造的差異を認め、両者の関係性の切断のうえに、『生活のふれあいを通して現実を学び取る』」ことが有効であるという主張を支持し、それによって、「目で観察し耳で聞いて記録をとって対象へと接近する近代科学主義的主体とは別次元において、心と生活感覚で対象に接近する回路が用意され」、その過程で得られる「知」は、「生活知」――生活者が生活の便宜にもとづいて構築する「知」――の性質を有するようになると述べる（松田 2009:298-301）。

好井や松田の議論に従うならば、当該社会問題を経験する〈私〉、あるいはカテゴリー化する〈私〉を反省的に検討することは、被調査者の経験を分析・記述することを可能にするために不可欠である。そのうえ、反省的検討を通じて実感を意識化し、そこから対象を認識することによって、〈私〉と被調査者のあいだに存在する差異を乗り越え、対象を「理解」できる可能性が生まれることになる。さらには、記述そのものが共同性を獲得することで、〈私〉による研究は、支配的カテゴリーに依拠する読者をも「螺旋運動」へと巻き込んでいくための、ひとつの実践となりうるのである。

本章における議論は、その「螺旋運動」に身を置く〈私〉の、現時点での到達点である。その前提にもとづき、本書では調査によって得られた語りを調査対象者による「経験」として取り扱う。したがって、本書の記述には、基本的に〈私〉は登場しない。ただし、「経験」として記述不可能な語り、すなわち、〈私〉のイデオロギーが、インタビューという相互行為に強く作用している事例については、〈私〉の反省的記述を実践しながら、語りの理解に努めていくことになる（第4章がそれにあたる）。

5　おわりに

以上、本章では、在日朝鮮人の経験の語りと向き合い、そこから「民族実践」のあり方を描き出し、記述していくという営みを可能にするために、〈私〉がいかなる立場から、どのような調査方法論にもとづいて調査対象者の語りと向き合っているのかを表明した。

付け加えて言うならば、一つの章を割いてこのことに言及した背景には、社会科学分野における在日朝鮮人研究の停滞状況に一石を投じたいという思いがある。この領域では、一九八〇年代から現在に至るまでの約三〇年のあいだに多くの研究が蓄積されてきた。しかし、九〇年代における構築主義的研究の隆盛以降、新たな議論の展開はほとんどないと言っても過言ではない。金泰泳による研究が、アクティヴィストたちによって、「日本社会と在日朝鮮人のあいだに横たわる権力関係の隠蔽に手を貸そうとするものである」（金泰泳 1999:192）と批判されてから、「『個』を抑圧する従来の民族運動が解体されるべきならば、在日朝鮮人問題とどう闘えばよいのか」という問いと、真剣に向き合う研究はほとんど登場してこなかったのである。

では、従来の在日朝鮮人研究の何が問題なのか。それは、民族差別の実態を知ること、あるいは、在日朝鮮人のアイデンティティのあり様を知ることを通して、日本人研究者は自らの日本人性を、在日朝鮮人研究者は自らの在日朝鮮人性を問うことに留まってきた点にあるのではなかろうか。もちろん、在日朝鮮人にとって差別やアイデンティティをめぐる問題が「問題」として認識され続ける限りにおいて、私たちは、「生活者」として決してこうした思考から完全に逃れることはできないが、それらの問いに留まった研究は、結局はインフォーマントの存在を利用した研究者のアイデンティティ・ポリティクスに他ならなず、「問題」の構造を打破する思想にはなりえない。

それに対し、「個人」への立脚を目指すことは、すなわち自分自身が「他者」としてまなざされることを引き受けることを意味する。「他者」であることを引き受けることで、〈私〉は内的対話に向かうことになり、ひいては「独立した個人」としての〈あなた〉との対話関係に入っていくことができる。「個」の尊重と解放を訴える前に、まずは自らが「個」に立脚しなければならないのである。

【註】

※1　外国人登録上の国籍表記は、出生時は「朝鮮」であったが、中学生の時に表記の書き換えを行ったため、現在は韓国籍を保持している。また、韓国の旅券を所有しているため、日本と韓国の双方において、法的には「大韓民国国民」として取り扱われる立場にある。

※2　本書では「ダブル」という呼称を、「二つの文化的・歴史的背景を持つ者」という、ポジティブな意味合いで用いる。この「ダブル」という呼称は、差別的意味合いを含む「ハーフ」や「混血」という用語に代わって広く用いられるようになった。しかし近年、一部の「ダブル」当事者から、自らの置かれた抑圧・周縁化状況を表現するため、「ハーフ」あるいは「混血者」の呼称を積極的に使用すべきとする主張があらわれている。しかし、〈私〉の非「ダブル」という立場性を考慮すると、「ハーフ」や「混血」という用語が差別的意味合いを含めて用いられる現状において、それらの用語を使用することはできない。そういった意味においても、本書では基本的に「ダブル」と表記する。

※3　サンフランシスコ講和条約に先立って出された一九五二年四月一九日民事甲第四三八号法務府民事局長通達「平和条約発効に伴う朝鮮人台湾人等に関する国籍及び戸籍事務の処理について」において、「朝鮮人は講和条約発効の日をもって日本国籍を喪失した外国人となる」とされた。

※4　厚生労働省平成二二年度『人口動態統計』より概算。在日朝鮮人と結婚した者の人数は件数

の倍になり、日本人との結婚者数は全体の約八〇％となる。

＊＊5　第4章において安田直人の「民族の語り」を、第5章において、かれの所属していた「パラムの会」を取り扱っているので、詳細はそちらを参照されたい。

＊＊6　「人びとが、互いに相手と身体的に直接的に居合わせる場合に起きるあるタイプの社会的配置（social arrangement）」（Goffman 1961＝1985:4）。

＊＊7　柳田邦男が医療者のとるべきスタンスとして示した視点。あくまでも三人称の位置に立ちながらも、当事者（＝一人称）や、当事者の家族（＝二人称）などの立場に寄り添いながら、対象と相対する姿勢。

＊＊8　「『私』という一人称の個人の語り、個人の経験を記述していく」（鈴木 2010:71）方法。鈴木はその際、第三者の立場から非当事者の研究者にもインタビューやフィールド調査に参加してもらい、それらの作業に対して「何度もチェックと非当事者の視点から確認作業をしてもらいながら私の客観性を担保するかたちをとっている」（鈴木 2010:71）という。

＊＊9　「自らは普遍的基準を体現しており、存在を問われなくてもよいという前提」（樋口 2010:90）。

第2章

「ナショナリティの強制力」をめぐる朝鮮籍者の経験と実践

本章では、在日朝鮮人の「民族的現実」とディアスポラ性を最も強く規定する要素である「ネイション」をめぐる語りに着目し、朝鮮籍を保持する在日朝鮮人（以下、朝鮮籍者）を事例として取り扱う。朝鮮籍は在日朝鮮人が置かれた状況の他律性を象徴する記号であり、日本社会においては朝鮮籍者を「北朝鮮シンパ」とみなすような社会的まなざしがメディアを通して強化されているが、在日朝鮮人社会においても同様に、朝鮮籍を朝鮮民主主義人民共和国（以下、共和国）[※1]国籍と同一視し、朝鮮籍者のアイデンティティを一方的に規定しようとする風潮は存在する。ここでは、かれらがそうした特定のネイションへの同一化、あるいはネイションとの完全な決別を促すような「強制力」に晒されながら、朝鮮籍への意味づけを通してそれと対峙しようとする様子を描き出してみたい。

1　はじめに

言うまでもなく、ネイションは、在日朝鮮人の生のあり方を規定する最も重要な要素であり、序論で述べた在日朝鮮人のディアスポラ性は、「ネイション」をめぐる語りに最も顕著にあらわれるといえる。在日朝鮮人にとってのネイションは、「国家」という文脈だけでみても、共和国、韓国、統一朝鮮、日本などさまざまあり、在日朝鮮人社会そのものに帰属を見出す者も多く存在する。また、かれ／かのじょらがそのいずれかひとつに一貫して帰属を求めているとも限らない。在日朝鮮人は、他者からの語りかけの内容に応じて逐一「ネイション」とみずからを縫合する。たとえば、朝鮮学校に通う学生が、学校では「共和国の海外公民」として教育を受けながら、アルバイト先では日本名を用い、日本人の友人に対しては「在日韓国人」であると自己紹介する、というような「使い分け」は、若い世代の在日朝鮮人にとっては日常的な行為であるといえよう。だとすれば、在日朝鮮人のナショナル・アイデンティティは、特定のネイションに回収されない多元的かつ可変的なものであると理解されるべきである。しかし、個人のナショナル・アイデンティティのあり様は、ネイションそのものの構築性や虚構性を根拠に、単色的で、ややもすれば独善的なものとして捉えられがちである。なぜそう捉えられるのかについては後述するが、在日朝鮮人の場合、特に朝鮮籍を保持する在日朝鮮人は、排他的なナショナリストのレッテルが貼られる傾向が強い。

在日朝鮮人は、日本社会において、社会的・政治的な生のあり方を（完全にではないが）基本的に他者から規定される存在であり、朝鮮籍はそれを象徴する最たる例である。のちに詳述するが、朝鮮籍は、外国人登録法（以下、外登）上の国籍表記であり[※2]、共和国の国籍を指すものではない[※3]。つまり、それは朝鮮半島との法的なつながりを示すものではないのである[※4]。しかし、朝鮮籍者は、あるときは「非韓国籍取得者」、またあるときは「無国籍者」、さらに近年においては「北朝鮮シンパ」であることを示す「記号」として、常に恣意的にスティグマが付与されてきた。その意味において朝鮮籍は、在日朝鮮人を政治的・文化的・精神的に支配するための一つのツールとして機能してきたといえる。

また、朝鮮籍者に対する権利の制限に屈することなく朝鮮籍を維持する者の一部は、朝鮮籍に「民族のシンボル」としての価値を見出している。言語的・文化的に、日本に同化しつつある在日朝鮮人は、「民族」との接点を求めるうえで、シンボルとなる要素をあまり持ち合わせていない。それゆえ、名前や「国籍」が、ナショナル・アイデンティティを表明するための重要なツールとして機能しているのである。しかし、朝鮮籍は上述したような複雑な性格を有したものであり、そのうえ、本人らが見出した意義と、日本社会における取り扱いとが大きく隔たっているため、朝鮮籍にこだわることには多くの矛盾が伴うのである。

本章では、その矛盾に着目しながら、朝鮮籍者のうち、三・四世の若い世代の語りを分析することで、「北朝鮮」と結び付けられて単純に理解されがちな朝鮮籍者のナショナル・アイデンティティの複雑な内実を明らかにしていく。

2 朝鮮籍とは何か――管理体制の変遷と現在

2-1 朝鮮解放後の朝鮮籍者の法的地位

まず、朝鮮解放後の在日朝鮮人の法的地位について簡単に整理・確認しておく。解放後、日本に残留することになった朝鮮人[*5]は、連合国軍最高司令官総司令部（以下、GHQ）によって「解放民」かつ「敵国民」という、二重の規定によって取り扱われることになった。この二重規定を使い分けることによって、GHQと日本政府は、「占領政策、在日朝鮮人政策の都合によって」、在日朝鮮人を「実質的無権利状態に陥れ」た[※6]（金昌宣 2008：197）。その後、一九四七年五月二日には、外国人登録令が「最後の勅令」として公布、即日施行され、「台湾人のうち内務大臣の定める者及び朝鮮人は、この勅令の適用については、当分の間、これを外国人とみなす」ことが明記されることになった（いわゆる「みなし規定」）。さらには、一九五二年四月二八日のサンフランシスコ講和条約発効に先立ち、「朝鮮人は講和条約発効の日をもって日本国籍を喪失した外国人となる」[※7]という内容の通達が出された。日本国籍の「喪失」にかんしては様々な解釈があるが[※8]、在日朝鮮人の意思とは無関係に、またその時点ですでに在日朝鮮人を自国民として位置づけていた共和国と韓国が不参加である条約によってその国籍は規定されたことは紛れもない事実である。つまり、解放後の在日朝鮮人の法的地位は、当事者の意思を無視して、一方的に規定され続けてきたのである[※9]。

その後も、在日朝鮮人の在留資格はめまぐるしく変遷することになる[※10]。なかでも在日朝鮮人の法的地位を考えるうえで重要なものとして、一九六五年の日韓条約成立とともに締結された「日本国に居住する大韓民国国民の法的地位および待遇に関する日本国と大韓民国との間の協定」（いわゆる法的地位協定）を挙げる必要がある。その理由は、在日朝鮮人の法的地位に、より深く朝鮮半島の分断構造が持ち込まれたという点にある。この協定は、日韓条約をもって日本政府が韓国を唯一合法政府として承認するのに伴い、韓国籍取得者に対してのみ、新たにこの協定によって設けられた「協定永住」の資格を付与することを定めたものである[※11]。他方、共和国は「未承認国家」とされ、朝鮮籍を有する者に永住権が付与されることはその後一〇年以上なかった[※12]。つまり、これを機に、朝鮮籍は朝鮮半島出身者を指す表徴から、韓国籍を取得しなかった者であることを示す単なる「記号」となり、朝鮮籍者は事実上、無国籍者として取り扱われることになったのである。[13]

2-2　新在留管理法制にみる朝鮮籍観の変遷

しかし、日本政府は近年、一貫して朝鮮籍者を「無国籍」者として取り扱ってきた立場を変化させつつある。たとえば、二〇〇六年七月五日の共和国による「ミサイル」発射実験以降、日本政府は共和国に対する制裁の一環として、朝鮮籍者に対する出入国許可の発行に制限をかけている。[14]このことから、日本政府は現在、在日朝鮮人を「北朝鮮の海外公民」とみなし、対共和国敵視政策の一環として朝鮮籍者に対する弾圧を強めていることがわかる。本節では、そうした傾向を象徴するものとして、二〇〇九年七月一五日に公布された「出入国管理及び難民認定法及び日本国との平和条約に基づき日本の国籍を離脱した者等の出入国管理にかんする特例法の一部を改正する等の法律」（いわゆる新在留管理法制[15]）を検討する。

この新制度の特徴は、以下の二点にまとめることができる。第一に、これまでは総務省が外登行政を、法務省が入管行政をそれぞれ担当していたが、新在留管理法制においてはこれを一元化したため、正確かつ継続的な外国人管理が可能となった。第二に、特別永住者は在留管理制度の対象からは外された。当初在日朝鮮人の側が懸念していた「特別永住者証明書」の常時携帯義務は結果的に制定されず、在留管理制度の対象者である中長期在留外国人だけが「在留カード」の常時携帯義務を負うこととなった。このように、すべての外国人に対する管理強化を目的とした「改正」ではあるが、特別永住者である在日朝鮮人に対しては、他の外国人と比べ管理体制が緩和されたようにもみえる。

しかし、「外国人住民の利便性を向上させる」ことを目的として導入された、いわゆる「みなし再入国許可制度」の存在が、新たな問題として浮上している。「みなし再入国許可制度」とは、有効な旅券及び在留カード（特別永住者については特別永住者証明書）を所持する外国人が一年（特別永住者は二年）以内に再入国する場合には、原則として再入国許可を受けずとも再入国を認めるというものである。ここで問題になるのが、「有効な旅券」という文言である。共和国を「未承認国家」とする従来の解釈からすると、共和国発行の旅券はこの「有効な旅券」に該当しないため、朝鮮籍者はすべて「みなし再入国許可制度」の対象外となる。[※17] この「みなし再入国許可制度」の制定は、国連自由権規約委員会が永住者に対する再入国許可制度を撤廃すべきとする要請[※18]をはじめとした、国内外からのあらゆる批判に対応したものだと思われるが、結果的には朝鮮籍者をめぐる問題のみが放置され続けてきたという事実をいっそう際立たせる内容となっている。また、継続して朝鮮籍者の移動の自由が制限されることにより、「国籍」を韓国籍あるいは日本籍に変更しようとする動きに拍車がかかることが予測される。

〈コラム1：在日朝鮮人にとっての「国籍」とは——李恢成・金石範論争〉

本章では、朝鮮籍が日本において政治的・社会的にどのような文脈で取り扱われてきたのかについて言及しているが、ここで、当の在日朝鮮人が、朝鮮籍をいかに解釈・定義してきたのかを知るひとつの手がかりとして、一九九八年から九九年にかけて、在日朝鮮人文学界を代表する人物である李恢成と金石範のあいだで行われた「国籍」をめぐる論争を紹介する。この論争は、雑誌『世界』において交されたこともあり、当時は大きな注目を集めた。

両者のあいだで繰り広げられた激しい論争は、一九九八年に李が韓国籍を取得し、それに至るまでの経緯を「韓国国籍取得の記」と題し、雑誌『新潮』に寄稿したことに端を発する。[※19]

李は、韓国籍を取得した背景と理由について以下のように述べている。まず、金大中政権樹立によって「軍政時代が終わった以上、『亡命者』みたいな生活をいつまでもしているのはおかしいのではないかという気持が強くなっていた」（李恢成 1998:307）ことが、その直接の理由であった。政治的状況の大きな変化によって、韓国籍を取得するうえでの最大の障害が取り除かれたというのである。ただしかれは、それが特定の思想と運動を支持したうえでの選択ではないことを強調する。「封建時代からの遺制」として、南北両国はともに「特定人物の偶像崇拝を伴っていく」という「歴史的後進性」（李恢成 1998:297）を見せていたが、共和国が現在もなお「本質的に全体主義国家」であるのに対し、「今では韓国がこの国の平和的統一のために大きな役割を担う時代に入ってきている」（李恢成 1998:315）とする認識を表明していることからも分かるように、韓国において統一を志向した民主的な政治体制が築かれつつあることを評価したうえでの韓国籍取得であるということを、李は主張した。

また、李は、「本国の人間に対して奇妙なコンプレックス」を持っている自らの「態度をはっきり変える」（李恢成 1998:312）ためにも、韓国籍を取得する必要があったと述べている。つまり、「『亡命者』だとか『無国籍者』とかいって日本で安穏と暮ら」（李恢成 1998:314）すのではなく、民主化の過渡期にあり、さらには南北分断という「国難」に対して、より積極的かつ主体的に取り組んでいくためには、当時の政治的状況を鑑みても、韓国籍を取得するのが妥当であると、かれは判断したのである。

それに対し、金石範は一九九八年一〇月、李による「韓国籍取得宣言」を激しく批判する論考を『世界』に寄せた。金による批判は、韓国籍を取得したこと自体にではなく、それを弁明する態度に向けられたものであった。金は、「亡命者」や「無国籍」という位置取りを「安穏」と表現したことに強く反発し、「韓国の苦難もさることながら、君には予想される『在日』のなかの少数者の苦難に眼が向かないのだろうか」（金石範 1998:140）と苦言を呈した。

金は、「無国籍」をあえて選択しているわけではなく、あくまでも「『北』の国籍化と韓国籍への変更に応じない結果」（金石範 1998:138）であると主張する。つまり、かれはいずれかの国民たることが分断の承認に繋がると考え、韓国籍の取得、および将来的に日朝国交正常化が果たされたときに、朝鮮籍者が自動的に共和国国籍に編入されることを拒否するとあらかじめ宣言している。そして、朝鮮籍という立場を、朝鮮半島の統一を「至上課題としているからには、分断に対するアンチの位置にある」（金石範 1998:133）ものとして捉えているのである。

李は、そのような金による批判に対し、「私が『朝鮮』籍から『韓国』籍へと変更したことを人間的かつ政治的裏切り」であるとみなすような、「自分の思想や主張と敵対するものにたいしては一切容赦せぬという過激主義の立場や見方」(李恢成 1999:263) であると反発した。そして、二一世紀は、政治状況の劇的変化に伴って、「『南北祖国』と『在日』の関係が一層深まっていく」はずであり、そうした状況で「南北の国家と離れた『第三勢力』となれば『在日』は結局のところ孤立し、日本人としての帰化予備軍を増長させるに留まるだろう」と再反論した (李恢成 1999:269)[※20]。

両者は何をめぐってこれほど激しく対立したのだろうか。それを明らかにするために、両者の国籍をめぐる考え方の共通点と相違点を検討する。

まず、両者の共和国に対する政治的スタンスは類似しているように思われる。李は、共和国が朝鮮半島の平和的統一に逆行するような政治体制にあると考え、それを強く非難した。しかしそれは、韓国籍を取得する動機としてではなく、民主化された韓国の体制を支持する間接的理由として述べられたものであった。つまりかれは、朝鮮籍を共和国と結びつけて捉えているわけではないということだ。

他方、金による共和国の政治体制に対する直接的な言及は見当たらないが、李に対する批判のなかで、かれの共和国に対する政治的スタンスに対しては一切反論を加えておらず、李による韓国籍への変更を、政治的転向として捉えているわけではないことがうかがえる。また、両者はともに一九六〇年代に朝鮮総聯の活動を離れていることから、少なくともかれが、共和国を支持するという表明として朝鮮籍を維持しているわけではないということが分かる。両者はあくまでも、厳密に言えば朝鮮籍は国籍ではなく、朝鮮籍者は事実上、無国籍状態に置かれているということを前提として議論を行っているのである。

したがって、李にとって韓国籍を取得することは、在日朝鮮人が本国の政治に対して主体的であるための唯一の方法として捉えられている。また、韓国の軍政時代からの脱却を、朝鮮半島が平和的統一に向かうための好機と捉えていることからは、かれの韓国籍取得が、統一を志向するうえできわめて戦略的に選択されたものであることがうかがえる。それに対し、金は国籍を分断の象徴とみなし、そのいずれかを選択することが分断の容認につながり、あるいは分断体制の維持に利用される可能性があると考えている。そうではなく、無国籍であることを、分断体制を超越した前衛的立場として肯定的に捉え直すことによってこそ、在日朝鮮人は主体性を獲得し、本国の政治に参画することができると考えているのである。

このように、両者の国籍をめぐる考え方は、在日朝鮮人が統一を目指した闘争に参与するための戦略をめぐって行き違っていた。李からすれば、金による主張は、実際には南北分断によって強く生活を規定されているにもかかわらず、「『在日』だからせめて南北対立を越えた親交の社会をつくっていきたいという強烈な願望」にもとづく「極度に幻想化された譫妄状態」（李恢成 1999:268-269）から放たれたものであり、金の眼には、李の選択は、無国籍者として生きることの苦難から逃れたことの「自己合理化、弁解」（金石範 1999:133）として映るものであった。このように、かれらにとって「国籍」は、自らの在日朝鮮人観を反映させるための一つのツールであり、それを議論することは、在日朝鮮人の「往くべき王道」（李恢成 1999:269）を模索する営みに他ならないのである。

論争の考察を通して分かることは、両者の主張が、朝鮮籍者が無国籍であることを前提としているということだ。こうした認識は、（理由は異なるが）朝鮮籍者を共和国の海外公民とみなす風潮に対する反発から生まれたものであり、さらには、基本的には無国籍と同様の扱いを受けるという事実によって、その認識は正当なものとして裏づけられているものと考えられる。

いずれにせよ、かれらの認識は、日本社会における朝鮮籍に対する一般的理解とはかけ離れたものであり、朝鮮籍について論じる際に、ネイションに対する能動的かつ戦略的な姿勢に注目する必要があることを示唆しているといえるだろう。ただし、李と金がともに、きわめて戦略的な観点から「国籍」を捉えていたからといって、（両者も含めた）在日朝鮮人による国籍選択が、総じて戦略的に行われるものだと判断することはもちろんできない。

たとえば李は、論争のきっかけとなった「韓国国籍取得の記」のなかで、共和国に帰国した三人の従兄弟が、「八〇年前後に政治犯として次々に逮捕され、拷問を受けて死んだ」ことに触れている。かれは、その事実が「私の『国籍』変更に何らかの影響をあたえている」わけではなく、あくまでも共和国による「反社会主義的弾圧」を象徴する出来事として客観的に捉えていることを強調している（李恢成 1998:308-311）。しかし、その経験は少なくとも、「あの国には、ほんとうに『敵』が潜伏しているのではなく、体制そのものが『敵』をつくりだしている」（李恢成 1998:310）という認識の根拠となっており、その認識はかれの国籍選択に間接的な影響を及ぼしていると考えられる。

このように、共和国をはじめとした「ネイション」をめぐる経験と感情が、朝鮮籍者の国籍選択に何らかの影響を及ぼす可能性を排除することはできない。なぜなら、李と金の論争が、韓国籍取得の可否にではなく、在日朝鮮人の「往くべき王道」に焦点を当てたものであったことからもうかがえるように、朝鮮籍を維持することには移動の権利の制限など多くの困難を伴うものであるがゆえに、朝鮮籍者が「国籍」に対し、自らの在日朝鮮人としての立場性の問題を集約させて捉える可能性があるからだ。したがって、ネイションへの参加のアイデンティティの複雑性の一端を明らかにするためには、国籍に対する戦略的意味づけのみならず、ネイションをめぐる経験と感情を含めて捉えていく必要がある。

3　ナショナル・アイデンティティ論導入の有用性

3-1 「ナショナリティの強制力」

これまでの議論を一旦整理しておく。朝鮮籍とは、そもそも他者から与えられた記号であるばかりか、朝鮮籍者による自己定義にかかわらず、特定のナショナリティ、すなわちネイションに帰属する者に対して外在的な欲望にもとづいて要求されるアイデンティティのあり方と結び付けて表象されがちである。ここでは、こうした強制的にナショナリティを押し付けるような作用を、「ナショナリティの強制力」と名づけることにする。朝鮮籍者に対する「ナショナリティの強制力」は、以下のように整理することができる。

① **絶対悪／敵性国家としての「北朝鮮」を支持する危険な人々**

② **愛国心が非常に強く、排他的なコミュニティを形成（全体主義イメージとの結び付け）**

こうした強制力のもとで、朝鮮籍者は以下の二つの立場のいずれかを強要されるものと考えられる。

A **「共和国」の信奉者としてふるまい、国家の存在を無条件に肯定**

B **一切の紐帯を拒絶し、国家の存在を無条件に否定**

朝鮮籍が「北朝鮮国籍」として誤解されるケースが非常に多い[※21]ことや、朝鮮籍者が共和国に対する経済制裁の対象に加えられていることからも分かるように、日本社会において朝鮮籍者は、社会的、政治的に「共和国の海外公民」とみなされる。その際、朝鮮籍者は、日本にとって共和国が「敵性国家」であることも手伝って、共和国の政治的思想の信奉者として振舞い、「敵性国民」に対する非難を一身に引き受けるか、あるいは共和国との一切の紐帯を断ち切ったうえで共和国に対する非難のまなざしを向ける側に立つか、そのいずれかの立場を強要される。

しかし、朝鮮籍者はそれに対して、常に受動的にふるまっているわけではもちろんない。それらのまなざしをふまえたうえで朝鮮籍に意味づけを行い、対抗、回避、拒否などといった態度を打ち出すだろう。本章ではまずこの点に着目し、二名の朝鮮籍在日朝鮮人青年の語りを事例とし、朝鮮籍維持という営みにみられる心理的変化の過程に着目することで、「ナショナリティの強制力」のもとでは捨象されてしまう、かれらの重層的かつ可変的なナショナル・アイデンティティのあり方を明らかにする。

3-2　ナショナル・アイデンティティ論再考

ただし、ナショナル・アイデンティティは重層的かつ可変的なものであると言っても、実際にはそのナショナル・アイデンティティが排他的なナショナリズムの源泉となるケースもある。それは、たとえば「純血」であることを正統とする風潮としてあらわれ、「混血者（ダブル）」を排除し、周縁化する。鄭暎惠（2003）も指摘しているように、それは、日本社会の「不純物」としてまなざされる在日朝鮮人が、純血性にアイデンティティの拠り所を求め、抵抗運動を組織した結果として生まれたものである。では、多元的で可変的であるはずのナショナル・アイデンティティが、純血主義の源泉となっている事実を、われわれはどのように理解すべきだろうか。

この点、中谷猛（2003）が、ナショナル・アイデンティティという用語に「『国家的一体感』の訳語のみが付与されるならば、それは政治的感情としての『ナショナリズム』と混同され、イデオロギー的な役割の過剰性が前面に押し出されることになる」（中谷 2003:20）ことに注意をうながしながら、個人と国家の接点のあり方を知る方法論として、ナショナル・アイデンティティの多義性と重層性を解明する必要性を説いていることはきわめて示唆的である。中谷は、A・ギデンズが、従来の近代主義的なナショナリズム論[**22]があまり関心をはらってこなかった「ナショナリズムの心理学的力学」に焦点をあてていることに注目する。「心理学的力学」とは、「ナショナルな経験」に由来する「故国に対する愛着」であり、その愛着は「人々が一体感をいだく集合体のなかに包み込まれたい」という欲求を生む（Giddens 1985＝1999:247–249）。その欲求こそが、ナショナリズムの重要な要素を構成しているという。中谷は、こうした心理学的解釈によって「従来ナショナリズム感情という表現でかたづけられた領域は、複雑な集合意識と個人的心理との結合領域」（中谷 2003:16）であることが明らかになると述べている。すなわち、人びとの心理過程に着目するアイデンティティ論を導入することによって、これまで偏狭なナショナリズム感情と理解されてきたものが、あくまでも多面的なナショナル・アイデンティティの一側面だけを象徴化することによって生み出されるひとつの作用にすぎないということが明らかにされるのである。以上のようなギデンズのナショナル・アイデンティティ論は、ネイションをめぐる感情に着目する本章の議論に適した視点を与えてくれるものである。

在日朝鮮人は、ディアスポラ状況や朝鮮半島分断の影響を受け、複数のネイションのあいだで思考をめぐらせながら自らのナショナル・アイデンティティを定義しなくてはならない。そのうえ、ナショナル・アイデンティティを自由に選択する権利すら与えられていないため、葛藤がより大きなものになるということは容易に想像がつく。したがって、朝鮮籍者のナショナル・アイデンティティについて理解するためには、そうした葛藤や矛盾を考察の対象に含めなければならない。この点、川上勉は、ナショナル・アイデンティティは「参加」と「動員」の二つの側面に分けて考えるべきだと主張している（川上 2003:73）が、朝鮮籍者のナショナル・アイデンティティは、まさしくかれの言う「参加」のアイデンティティに該当するといえるだろう。たとえ、人びとをナショナルな領域へと動員する「力」が強制を伴うものであっても、ナショナルなものへの「参加」のアイデンティティ——朝鮮籍者個人が「朝鮮籍者」という枠組みや共和国という国家などの存在を受け入れるうえでの意識や態度のあり方——は人それぞれだろう。したがって、「参加のアイデンティティ」の複数性は、集合内の均質性を求める「動員のアイデンティティ」の抑止力となるはずである。[※23]

以下に、その可能性について、朝鮮籍者個人と集団の関係性に着目しながら論じていく。そうすることで、在日朝鮮人のアイデンティティが常に政治的な文脈からのみ読み取られ、国家言説へと回収されることを批判しながら、マイノリティの連帯の基礎を提供するという集合的アイデンティティの本来的意義を強調することが可能となるだろう。

4　朝鮮籍在日朝鮮人青年のナショナル・アイデンティティ

4-1　調査概要

筆者は、二〇〇九年七月から九月にかけて、大学生・専門学校生を参加対象としている総聯傘下団体の所有する名簿のうち、朝鮮籍を有する者、あるいは最近韓国籍への書き換えを行った者を対象に、八名へのインタビューを行った。[※24]八名のインフォーマントは、受けた民族教育の程度と当該民族学生団体への参加度に偏りがないように選んだが、全員が多少なりとも民族団体との接触機会を有しているという点で一定程度の偏りがある。上述したように、筆者は朝鮮籍をめぐるインフォーマントの葛藤や矛盾を含んだ思考のあり方に着目しているため、インタビュー方式としては半構造化面接法を採用し、ライフ・ストーリーや国家・「民族」観、朝鮮籍を維持・変更する動機、「国籍」に対する認識などに関する設問を盛り込んだおおまかなチェックリストに従うことでインタビューの一定の方向性は保ちながらも、インフォーマントの自由な発話をできるだけ遮らないように心がけてインタビューを進めた。インタビューの際に了承を得たうえで録音を行い、その逐語記録を作成し分析に用いた。[※25]

本章ではこのうち、成基柱（ソン・キジュ、仮名）と李泰聖（リ・テソン、仮名）とのインタビューの考察を行う。両者は、朝鮮籍を維持する意義を見出そうとしている点で共通しているが、成は日本学校、李は朝鮮学校出身であることをはじめ、対照的な背景を有している。また、朝鮮籍維持の理由や、ナショナル・アイデンティティのあり方も異なるので、本章ではこの二名のインタビューをとりあげることにした。[※26]

4-2　事例1：成基柱――「個人的抵抗」としての朝鮮籍維持

在日朝鮮人三世の成基柱は、小学校から大学まですべて日本の学校に通った。父親は朝鮮籍であり、母親は離婚後に韓国籍を取得した。両親はともに朝鮮学校に通ったが、将来日本で生きていくうえで、朝鮮学校を卒業しても「役に立たない」ので、基柱を日本学校へ通わせることにした。ただし、かれの母親が中学生になってはじめて在日朝鮮人であることを聞かされ「ショックだった」ため、息子には同じような思いをさせたくないという思いで、かれが幼い頃から在日朝鮮人であることを伝えてきたという。また、かれは学校でも民族名を一貫して用いてきた。そんなかれが朝鮮籍であることをはじめて意識したのは、大学浪人時代に入居拒否を経験したときであった。

【K-1：入居拒否差別の経験】

（以下、Kは成基柱、＊は筆者による発話）

K：朝鮮籍を保持していこうと思ったんは、入居拒否があって。あの、アパートなんですよ、僕が住んでるのが。（略）「ぜんぜん日本語しゃべれます」とか、「日本の文化分かります」とかいっても、「外国籍無理です」みたいなところが結構あって。それでもう、まぁ、あの前に変えるとしたらあの前しかなかったんです。だから、もう不利益を被った以上、もうそのままでもいいかなって。なんか、それで不利益被って変えるっていうのはなんか…なんていうんかな…屈したようで嫌やって。

基柱が入居拒否経験を機に朝鮮籍を意識的に維持するようになったのは、朝鮮籍であることによる不利益に「屈したくない」からであった。かれにとっての「はじめて」の被差別体験は、結果的に、朝鮮籍に対して意識的に意味づけを行う契機を与えた。つまり、差別に対する「反作用」として、抵抗の姿勢を朝鮮籍維持に見出したのである。

この時点ではまだ、朝鮮籍者に対してどのようなまなざしが注がれているのかについては意識していなかったが、大学入学を機に、朝鮮籍をふくめ、自らの出自についての学習を開始した。その影響もあって、かれの朝鮮籍維持の理由はその後変化していくことになる。

【K－2：朝鮮籍維持の理由】

K：日本人とかやったら、日本人は日本国籍に、どんなに自分の国が嫌いやっても日本国籍になってるのは、選択の余地がないわけじゃないですか。僕は今選択できる立場じゃないですか。自分で選択したってことは、自分でそれを認めたことになるから。日本としては慰安婦問題とかちゃんと認めて、過去清算をちゃんとしたら、韓国とか朝鮮が公式に謝罪されたことを認めたら、日本籍には変えていいと思ってるけど。

K：僕はどっちかって言ったら、韓国か朝鮮だったら朝鮮のほうが好きなんですよ。その、韓国が単独選挙したところに、南北分裂の問題があると思って。あと、母親とかは資本主義が好きなんですけど、僕どっちかって言ったら社会主義のほうが。

【K－3：「こだわりを持つのはあくまで自分」】

＊：困って（国籍を）変える人とかも多いやん。そういうの見ててどう思う？
K：いや、僕はでも他の人が変えること自体については、別になんも。
＊：反対はしない？
K：実利的な感じやから、別にそれはそれで、一回の人生をそれで無駄になると思って、そのまま朝鮮籍にやるよりは、日本籍に変えて、ちゃんとしたほうがいいとは思いますし。
＊：うん。まあ、こだわりを持つのはあくまで自分がってことか。
K：はい。自分だけ。（略）一回の人生がそれで無駄になってしまうことを人に勧めない。

基柱はインタビューの時点で、朝鮮籍者が韓国籍への変更や日本国籍の取得、朝鮮籍の維持という

「選択」の機会を有していると考えており、国籍を変更しないことに意義を見出すことで、朝鮮籍であることの正当性を裏づけようとしている。まず、日本国籍の取得は、戦後補償問題が未解決であるという理由で拒否している。また、韓国籍への変更は、南朝鮮単独選挙の強行に伴って韓国は成立しており、それが南北分断の背景のひとつになっていることと、現在の政治体制のあり方を理由に拒否している。つまりかれは、朝鮮籍を維持することそのものに積極的な意義を見出しているわけではない。それゆえ、【K－3】の語りにみられるように、他の朝鮮籍者に対して国籍の維持を説得すべきではないと主張するのである。

こうした態度は、既存の運動に対するスタンスにも貫かれている。

【K－4：既存の運動との関係】

K：結局僕は今の総聯を支持しているわけじゃないから。
＊：それは共和国の今の政治を支持してないっていうスタンスと繋がってくる？
K：そう、結局、今の共和国を支持しているところに行く必要はない。
(略)
K：運動は必要やと思いますよ。運動しなきゃ伝わらないし。権利を保障してもらうための運動。でも、僕は自分がちゃんと中立的に判断できて、必要だと思う運動にだけ参加します。納得したうえでやりたいです。

基柱はあくまでも、自分自身の生活に直接かかわる問題、つまり在日朝鮮人の権利保障の問題にのみ「抵抗」するという姿勢を貫いており、それゆえ、在日朝鮮人問題に限らず「朝鮮」にかかわるあらゆる問題に取り組む民族運動に身を投じることには消極的である。つまりかれは、総聯社会[※27]において構築されてきた「朝鮮籍者＝共和国の海外公民」という前提には従わないためにそれと一定の距離を置こうとしているが、総聯主導の在日朝鮮人の権利擁護運動には、自身が必要性を感じる限りにおいて積極的に参加するというスタンスをとっているのである。

以上のように、朝鮮籍者に対してあらゆるまなざしが向けられるなか、かれはそのそれぞれに対して、あくまでも「個人」として態度を決定したうえで対峙している。こうした姿勢はまさに、ナショナルなものへの「参加のアイデンティティ」として読み取ることができるだろう。かれのこのような姿勢は、被差別体験を含むさまざまな経験をとおして測ってきたネイションとの距離感をもとに形作られた。その距離感は、かれが自らの経験と意思にもとづいて構築してきたナショナル・アイデンティティが、在日朝鮮人社会において朝鮮籍者に向けられるまなざしに含まれる「ナショナリティの強制力」に拘束され、隠蔽されないようにするために保つべきものであった。すなわち、【K－1】で述べられた、朝鮮籍であることに「屈したくない」という姿勢は、在日朝鮮人社会に対する態度にも貫かれているのである。

4-3　事例2：李泰聖——「共和国」をめぐる葛藤

李泰聖は在日朝鮮人四世である。幼稚園から高校まで朝鮮学校に通い、その後日本の大学に入学した。インタビュー時点で大学在学中であり、在日朝鮮人学生団体において積極的に活動していた。父親は朝鮮総聯の元活動家であり、現在も継続して朝鮮総聯とのかかわりを持ち続けている。また、朝鮮学校に通っていたこともあり、幼い頃から「当たり前に自分は朝鮮人なんや」という意識を持っていた。かれがその「国籍」の存在を強く意識するようになったのは、一六歳になり外登証を携帯するようになってからであった。

朝鮮学校に通っていた頃、かれにとって朝鮮籍を変更することは、すなわち朝鮮人でなくなることを意味していた。また、共和国にしか海外渡航の経験がないため、朝鮮籍であることによる直接的な不便を感じたことはほとんどなかった。それゆえ、高校を卒業するまでは、「国籍」を「変更」するという選択肢を発想したこともなかった。しかし、在日朝鮮人学生運動にかかわるなかで、「国籍」を韓国籍にしたり、日本国籍を取得したりする人々とはじめて接触するようになり、「国籍」をより強く意識するようになったという。

まずは、かれの共和国に対するスタンスについての語りを見てみよう。

【L-1：共和国との関係】

（以下、Lは李泰聖による発話）

L：今はもうちょっと共和国に踏み込んで考えてもいいかなと思ってて。別に他の人にそうしろっていうわけではないですけど。今はなんか、もちろん共和国全般を背負うとか、そんなん無理ですけど、ただ単に支持するだけではなくて、もう少し共和国側にというか、立ってもいいかなって。それでも自分は在日やからっていうのはあるけど。（略）もう少し共和国というものに踏み込んで、共和国の良くないところについての説明責任とかも背負いたいなって思うんですよね。

この語りでは、大学生になって訪問した際に感じた共和国とその人民への愛着がゆえに、「もう少し共和国というものに踏み込」みたい気持ちがあることが示されている。この語りには、「親北か反北か」の二分法ではなく、朝鮮人としての主体的な立場から共和国との関係性を見直そうとする姿勢があらわれていると言える。

次に、このような立場を表明していくうえで、朝鮮籍にいかなる意味づけを行っているのかを以下に見ていく。

【L－2：朝鮮籍を維持する理由】

L：今、じゃあその（国籍を）変えることで、自分自身は、もしかしたら、生活上、もっと楽に生きられるかもしれないけれども、それって、そのまま、乗っかってもいいのかと思う。そもそもそんな、なんでそんな、分けられなあかんのかとか、っていうの考えた時に、やっぱり、変えるっていう選択肢が、無くなったのかな。(略)何か主張していく時に、そういうおかしさとかっていうのを訴えかける時でも、その自分がそこ変えてしまったら、っていうのは、変えなくても、まあ、生きられる立場にいるなら、変えずに、その、訴えかける方が、当然説得力もあるのかな。

泰聖は、朝鮮籍の「しんどさ・おかしさ」を告発するためには、朝鮮籍という立場を維持した方が説得力があるという考えにもとづいて、朝鮮籍を維持していると述べた。かつては朝鮮籍を在日朝鮮人の本質としてとらえていたのに対し、現在はそれを「抵抗」の文脈に位置づけていることがわかる。

【L-3:朝鮮籍観の可変性】

L:朝鮮籍、変えないっていうところの、その、理由であったりも、ちょっとずつ変化はしてるんかなーっていう。まあ自分の中でも、いろいろまた、知ったりする中で、考えとかも変えていかなあかん、変えていかなあかんっていうよりも、常に更新していかなあかんかなとも思ってるから。今の考えってのがそのまま、続くとも思わんし。

また、かれは自身の朝鮮籍観が可変的であり、意識的に常時更新すべきものであると主張する。かれが参加する学生運動は、大学生・専門学校生を対象にしているという性質上、民族運動のなかでも、在日朝鮮人のアイデンティティの流動化・液状化が最も顕著に現れる場であるといえる。かれは、そうした状況に遭遇しながら、在日朝鮮人学生を組織に網羅するという活動の必要に迫られている。かれの朝鮮籍観は、このような活動経験にもとづいて構築されたものと考えられる。

では、かれの朝鮮籍観の中身は、具体的にはどのようなものなのか。

【L－4：韓国籍の拒否】

L：最初は、そういう、北でも南でもなくて、朝鮮半島指してるってところで、その朝鮮籍っていうところに、こだわりとか意義とかも見出してたとは思います。（略）出発点としてはそこだったかもしれないけれども、韓国国民であったりそういうのになりたくないっていうのがあって、どっちかというとそっちの方が、比重としては大きくなってるかなっていう。（略）本当にそれって、そこまで、朝鮮籍自体に、んー何て言うの、そういう要素はあるのかなっていう。

朝鮮籍はしばしば、それがすべての在日朝鮮人に与えられた記号であるという理由から、統一志向のシンボルとして捉えられる。かれ自身も当初はそのような意味づけに賛同していたが、インタビューの時点ではそれに疑問を持ちはじめていた。さらには、韓国籍を取得しない結果として朝鮮籍を維持するという、消極的な姿勢に傾きはじめているとも語った。特に最後の一文にあらわれているように、そもそも朝鮮籍が肯定的な意味づけを行うべき対象ではなく、いずれは放棄すべきものとしてとらえるがゆえの語りであることがうかがえる。

以上のように、かれの語りは、朝鮮籍への意味づけのあり方をめぐって錯綜している。在日朝鮮人が、自らが有する数少ない民族的要素にポジティブな意味づけを行うことは、スティグマを反転させるうえで極めて重要な営みである。しかし、朝鮮籍は、解放後に日本の植民地主義によって強要されたものであるがゆえに、その維持に積極的な抵抗の意味を付与することは、それ自体が矛盾した行為ということになる。日本社会においては、朝鮮籍者を「異質な他者」という次元を超えて「野蛮な敵性国家の国民」とみなす風潮が蔓延しているため、かれ／かのじょらの抵抗の声は、日本社会に迫る危険な「暴力」としてとらえられ、本来の加害被害関係はすり替えられてしまう。この点、自らと共和国との関係性を朝鮮籍に投影する行為は、その「すり替え」に便乗してしまうことを意味するのである。[※28]

かれのナショナル・アイデンティティが一様ではないことは、在日朝鮮人があらゆる「ネイション」を跨いだ存在であることを考えれば当然のことである。しかしそれ以上に、かれの語りは、日本社会において、共和国が敵性国家として位置づけられ、朝鮮籍者がそのシンパとして取り扱われるなかで、自らのディアスポリックな立場性を表明することがきわめて困難であるということを示しているという点で重要である。「北朝鮮シンパ」というまなざしを拒否しながら、共和国に対する愛着を表明しつづけるためには、朝鮮籍を維持しながら朝鮮籍の矛盾を問い続けるという方法をとらざるをえないのである。

5　考察——個人と集団の関係性

二人の語りをふりかえっておく。基柱は、「朝鮮籍」という記号に与えられたスティグマに対して、個人的抵抗の態度をみせていた。このことは、テッサ・モーリス＝スズキが指摘するように、個人のアイデンティティは「個が特定の集団に所属することへの、社会的に生産され、ダイナミックでつねに変化し続ける表明だと考えるべき」（モーリス＝スズキ 2001:200）だということを示しているといえる。いいかえれば、基柱の語りは、ネイションと自身の関係はネイションの側からのみ決定づけられるものではなく、自ら選びとるものであるということを示唆している。そして、そのような能動的態度を「朝鮮籍」に投影し、意味づけを行うのである。かれの個人的抵抗の態度は、日本社会と在日朝鮮人社会において、朝鮮籍者のナショナル・アイデンティティのあり方を拘束しようとする「ナショナリティの強制力」に対し、そのいずれにも回収されない自己の存在を表明するための手段であった。

他方、泰聖は、共和国に対して「良くないところについての説明責任とかも背負いたい」というスタンスから向き合おうとするがゆえに、基柱と同様の立場をとることができない。なぜなら、「ナショナリティの強制力」が、ナショナルな次元におけるかれの能動的なアイデンティフィケーションを阻害してしまうからだ。それゆえ、泰聖は、朝鮮籍に対して明確なスタンスを打ち出すことができず、結果としてかれの語りは錯綜していた。しかし、朝鮮籍者が他者によって強要された「記号」に積極的意味づけを行わなければならないという矛盾とせめぎあう語りもまた、それ自体が「ナショナリティの強制力」にくさびを打ち込むものであると考えられる。かれの朝鮮籍への意味づけ、あるいは共和国に対する態度は、朝鮮籍に対する在日朝鮮人社会における従来の朝鮮籍観を前提としたものであった。しかしかれは、その朝鮮籍観が孕む矛盾を、自らのナショナル・アイデンティティの非一貫性として経験し、その超克を目指そうとすることで、従来の朝鮮籍観と真正面から衝突するのではなく、その変化を引き起こそうとしているのである。つまり、「ナショナリティの強制力」に規定された思考のあり方を、それに依拠しながらも、なおかつ内在的に転換させるような実践として捉えることができるのである。

本研究における調査は、朝鮮籍者と周囲の人びととの相互行為や、在日朝鮮人運動の内実までをも捉えたものではない。また、本章で取り扱った事例には、在日朝鮮人社会における新たな共同体構築の可能性を直接的に示唆するような語りは含まれていなかった。しかし、両者の語りを、日本社会と在日朝鮮人社会の双方に対して、朝鮮籍が共和国との国民的紐帯を表すものとする従来の定義の改変を迫る「民族実践」としてとらえることは可能である。

現状において、「ナショナリティの強制力」を内包する「朝鮮籍」カテゴリーの解体を主張する意見に対しては、朝鮮籍をめぐる問題の放置を助長するものであるとの危惧が寄せられるだろう。この点、かれらの実践は、直接的なカテゴリーの解体を目指しているわけではない。基柱の語りは、旧来の朝鮮籍者を中心としたコミュニティとの接触を完全に拒否するのではなく、個人の生活上の利害にかかわる問題をめぐって部分的に共闘する可能性を示唆するものであり、泰聖の語りは、共和国へのシンパシーについて語りつつも、なおかつ従来のマスターナラティヴが内包する矛盾を、自らの語りの「曖昧さ」として表明するものであった。その意味で両者の語りは、むしろ朝鮮籍問題の本質に迫りながら、なおかつ日本社会と在日朝鮮人社会の双方に対して、朝鮮籍が共和国との国民的紐帯を表すものとする従来の定義の改変を内破的に迫る「民族実践」として捉えることができる。

6 おわりに

以上、二名の朝鮮籍在日朝鮮人青年の語りを、祖国としての共和国に対する愛着、政治的な思想信条、あるいは在日朝鮮人としての立場の認識などに着目しながら、ナショナル・アイデンティティの複雑性を表すものとして理解してきた。朝鮮籍を維持することに個人的抵抗の態度を見出した基柱の語りと、いずれ放棄すべき朝鮮籍に積極的意味づけを行う矛盾を認識しながら、それでもなお朝鮮籍維持に意義を見出そうとする泰聖の語りは、「ナショナルな強制力」が要請する二者択一を拒否し、それに抵抗するために見出されたという点で共通するものであった。

最後に、本章の目的からははずれるが、日本と朝鮮の現在と未来を占ううえで、朝鮮籍の問題について考えることの重要性について簡単に触れておく。二〇〇七年に〇件、二〇〇八年に七件であった韓国による朝鮮籍者に対する旅行証明書の発行拒否件数は、二〇〇九年度に二七九件に急増した。このことは、二〇〇九年の春に、共和国によって「ミサイル」の発射実験と核実験が行われ、南北の緊張が高まったことと無関係ではないだろう。だとすれば、日本と韓国は、朝鮮籍者に対するまなざしを同じくしているということであり、朝鮮籍をめぐる問題は、もはや在日朝鮮人社会、あるいは日本国内にとどまるものではなく、日本と朝鮮半島に跨がる国際問題のひとつとして浮上することになる。

このようにみると、戦後の日本における植民地主義の残滓が、いまだ日本と朝鮮半島の関係性を規定しており、それが朝鮮半島の分断体制の一側面を支えているということを再認識させられる。そしてその構造は「ナショナリティの強制力」を生み出し、朝鮮籍者によるディアスポリックな立場の表明をさせないことによって、みせかけの安定を保っているのである。

【註】

※1　日本では一般的に「北朝鮮」という略称が用いられるが、これは朝鮮民主主義人民共和国が正式な国家ではなく、「朝鮮半島の北半部地域」という意味を込めて使用され、日本ではしばしば俗称、蔑称として用いられる用語であるため、本章における略称としては使用しない。「北朝鮮」と表記している場合は、そうした偏見的な政治的イメージを表現するものとして用いている。

※2　後述する新在留管理法制に伴ない、二〇一二年七月九日に外国人登録法は廃止され、外国人登録証明書の記載情報は特別永住者証明書に引き継がれた。ただし、ここで取り扱うインタビューはそれ以前に行われたものであるため、議論の混乱を避けるために、便宜上、朝鮮籍を「外登上の国籍表記」として扱う。

※3　一九三〇年にハーグで締結された「国籍法の抵触についてのある種の問題に関する条約」において、国籍は各国の国内管轄事項であると定められている。したがって、在日朝鮮人の国籍は、あくまでも本国である共和国あるいは韓国の国籍法にもとづいて発行される旅券などによって定められるはずであり、両国の国籍法に厳密に従うならば、在日朝鮮人は共和国と韓国の双方の国籍を有することになる。

※4　ただし、本章では便宜上、外国人登録上の国籍表記を括弧つきで「国籍」と表記する場合がある。

※5　植民地期の朝鮮人は日本国籍を保有した「帝国臣民」として位置づけられていた。ただし、戸籍制度は「内地」と「外地」とで明確に区別されるなど、日本人と朝鮮人が平等な法的地位にあったわけではない。

※6　具体的には、日本の戦後補償関連法の多くに国籍条項が設けられ在日朝鮮人がその対象から除外される一方、一四八名もの朝鮮人が軍事法廷において「B・C級戦犯」として裁かれるという事態を生んだ。

※7　一九五二年四月一九日民事甲第四三八号法務府民事局長通達。

※8　この通達は、条約は国内法上法律に優位するので、法律事項である国籍を、通達をもって規律することは許されるとするのが多数説となっており、最高裁も一九六一年にこの解釈を採用している（最大判昭和三六年［一九六一年］四月五日民集一五巻四号六五七頁）。これに対し大沼（2004）は、条約の国内法的効力の観点からこの通達をもって在日朝鮮人から日本国籍を剥奪するのは憲法第一〇条に反するとしており、解釈論として在日朝鮮人は日本国籍を争うことができるとしている（通達違憲説）。しかし、こうした解釈に対しても、そもそも韓国併合そのものが無効であり、それゆえ在日朝鮮人が今なお日本国籍を有しているということにはならないという反論がある（金東鶴（2006）など）。

※9　同じく敗戦国である西ドイツにおいては、オーストリアの独立日から、居住地にかかわらず、オーストリア人はそのドイツ国籍を消失するとしたが、在独オーストリア人に対しては、意思表示によってドイツ国籍を回復する権利が認められた。イギリスやフランスなどの戦勝国においても、国籍処理においては被植民者の国籍選択権を認めてきた場合が多く、したがって日本における措置のあり方は国際的観点から見ても不当なものであるといえる（金東鶴 2006:152）。

※10　在日朝鮮人の在留資格の変遷については、金東鶴（2006）に詳しい。

※11　協定永住者とは、①韓国国民で、一九四五年八月一五日までの間に日本で生まれ、その後申請時まで引き続き日本国に居住している者、②及びその子孫として一九七一年一月一六日までの

間に日本で生まれ、その後申請の時まで引き続き日本国に居住している者で、効力発生日である一九六六年一月一七日から一九七一年一月一六日の間に申請を行った者（いわゆる「協定一世」）、③一九七一年一月一七日以降これら申請によって「協定永住」許可を受けた者の子として生まれ、出生後六〇日以内に申請をした者（いわゆる「協定二世」）を指す（金東鶴 2006:160）。

＊＊12　国際人権規約、難民条約批准に伴って、一九八一年に出入国管理令が出入国管理及び難民認定法に改められ、朝鮮籍者に「特例永住」という在留資格が許可されることになった。

＊＊13　日韓基本条約締結に至るまでの日韓両国の交渉のプロセスに関しては、高崎（1996）に詳しい。法的地位協定の問題点に関しては、金昌宣（2008）を参照。

＊＊14　具体的には、それまで朝鮮籍者には有効期間内に何度も再入国が可能ないわゆる「数次許可」が出されていたのに対し、二〇〇九年七月五日以降は、原則として「単数許可」が発行されているようである。

＊＊15　「新たな在留管理制度」については、李春熙（2008）と金舜植（2009）による論考を参照し、二〇〇九年七月一五日の一連の法改定の結果をふまえ、整理・検討した。

＊＊16　外登法においては届出義務違反に対して刑事罰が課されているのに対し、住民基本台帳に加えられてからは日本国籍者と同じ、行政罰が課せられることになる。ただし、「新たな在留管理制度」の対象となる外国人には常時携帯義務と刑罰制度があわせて導入されるなど、問題はほとんど改善されていない。

**17　他にも、特別永住者証明書上の国籍表記が韓国であっても、韓国への国民登録を行っていない者は、「有効な旅券」を有していないことになる。

**18　一九九八年一一月第四回日本政府報告書審議に対する総括所見。

**19　なお、李恢成と金石範はともに、朝鮮籍であることと、軍事独裁政権に対して批判的態度を取り続けたことを理由に韓国への入国を拒否された経験を有している。かれらは、文学講演のために韓国入国を申請した際に、韓国領事館で共に面接を受けており、その際の参事官とのやり取りに関する記述をめぐって、相互に事実の歪曲があると主張し、激しく論争しているが、それについてはここでは触れない。

**20　その後、金石範によって、無国籍状態に置かれた者が難民化しないように準統一国籍の制定が必要であるとの主張がなされ、この議論は一旦終結した。

**21　新聞誌上でもこうした誤りは散見される。たとえば、〝外国人参政権 きょう審議入り〟（『産経新聞』二〇〇四年一一月一六日朝刊）、〝コリアタウン提唱者の林允澤さん死去〟（『朝日新聞』一九九四年一月八日朝刊神奈川版）など。朝鮮籍を「北朝鮮（朝鮮民主主義人民共和国）籍」と誤表記するケースが多く、一九九七年には在日コリアン人権協会から各メディアに対する抗議が行われた。

**22　たとえばE・ゲルナー（1983＝2000）は、ナショナリズムを以下のように説明する。産業時代が到来することで社会の「永続的成長」が追求されるようになり、それに伴って成員全員が

「普遍的な高文化」を身につけることや、「明示的で厳密なコミュニケーション」能力を持つことを求められるようになった。こうした産業化の要請に伴い、教育の方法は、それまでの家族・親族集団内部における教育から、「族外教育」、すなわち同族であるか否かを問わず、設けられた教育機関に生徒を集める方式へと転換していくことになり、さらにはそうした教育の体系化が国家によって担われるようになった。ゲルナーはこのように、産業化の要請に応じて、文化的な単位と政治的な単位とを合致させようとする運動、あるいは感情を、ナショナリズムと呼んだ。このような、政治的目的のためにナショナリズムが道具として利用されるとする考え方は「道具主義」と呼ばれる。道具主義的アプローチによってナショナリズムの構築性の内実が明らかにされてきた一方で、国家と個人の関係における、個人のふるまいや感情は捨象される傾向がある。

※23　こうした参加と動員、個人と集団という議論の立て方に対しては、二項対立図式に乗じているとの批判があるが、本書は全体を通して「個人への着目」を軸に据えており、本章では一面的に理解されがちな在日朝鮮人のアイデンティティを一旦、個人の文脈に落としこんで捉える必要性を訴えることに主眼を置いているため、既存の言説に対する批判の文脈で川上の議論を参照した。しかし、本来は、朝鮮籍者による二項対立の図式を超えた豊かな実践にも言及すべきであり、その意味で本章の議論に限界があるのは確かである。それについては今後の研究課題としたい。

※24　なお、本章では朝鮮籍維持者の共和国や朝鮮籍に対する認識を観察することを目的としているため、韓国籍に変更した者のインタビューの分析は他稿にゆずる。

＊＊25　なお、本書で扱うすべてのインタビューはこれと同様の方式を採用している。

＊＊26　筆者とインフォーマントとの関係について言及しておくと、筆者は両者の所属している在日朝鮮人学生団体の「卒業生」である。基柱とは初対面であったため、二回のインタビューの場には共通の知人に同席してもらった。成はその団体の熱心な参加者ではないため、筆者のことを、同じ団体の出身者としてではなく、あくまでも調査者として認識していたようである。また、泰聖とは既に「先輩・後輩」としての関係があったうえでのインタビューであったため、初回のインタビューでは可能な限り自由な発話をうながすため、かれと同世代の二名の在日朝鮮人の友人に同席してもらった。

＊＊27　何らかの形で朝鮮総聯との関係を持つ人々のネットワークをここでは「総聯社会」と呼ぶ。

＊＊28　こうした風潮のもとでは、基柱のような語りも、「内部分裂」あるいは「反逆者」の語りとして受容されてしまう可能性があるということを同時に指摘しておく必要がある。

第3章

「国際結婚」家族による「民族」の実践

——歴史性の「継承」と家族の安泰はいかにして「両立」するのか

近年の在日朝鮮人研究のひとつの傾向として、在日朝鮮人と日本人の接触領域に着目し、二つの異なる世界観が出会い、対立したり融合したりする様子、すなわち異種混淆性（ハイブリディティ）を描き出し、そこに境界が打破される可能性を見出すような議論が散見されるようになった。在日朝鮮人と日本人の混淆状況に言及する際、最もよく取り扱われるのは、「国際結婚」や「ダブル」の存在だろう。本書もその両方を事例として扱うが、本章ではまず前者に着目したい。在日朝鮮人と日本人とのあいだには、植民地支配の歴史をめぐって、被害者と加害者としての深い断絶がある。日本による朝鮮植民地支配以降、在日朝鮮人と日本人の結婚を「国際」結婚たらしめてきた要因は、そのような歴史性にある。加害性と被害性が交錯するような現場で、夫婦が相互行為を通して、歴史性に対する認識を相互に変化させ、共有していく様子は、新たな共同性の生成について考えるうえで重要な事例となるだろう。

1 はじめに

在日朝鮮人にとって、結婚は、民族概念と切っても切れないものである。なぜなら、在日朝鮮人社会において民族は、血統主義によって規定される傾向にあるからだ。在日朝鮮人社会において、血統は、人種主義的な本質性としてのみならず、「植民地出身者の子孫である」という歴史認識のもとで語られる場合が多い。それゆえ、「国際結婚」をした在日朝鮮人はしばしば、民族を離れ、同化に向かう者として表象されてきた。こうした状況が、「国際結婚」における歴史的断絶に伴う困難をさらに深刻化させてきたといえるだろう。それに加え、日本社会において継続する民族差別もやはり、その困難さの大きな要因となっている。

しかし、二〇一三年の一年間で、韓国・朝鮮籍在日朝鮮人がかかわる婚姻総数のうち、約八三%が日本人とのものであり、[※2]件数は不明ではあるが、日本籍在日朝鮮人と日本人との結婚も相当数にのぼることを考えると、在日朝鮮人どうしの結婚は、もはや非常に稀であるということがよく分かる。こうした状況をわれわれはどのように理解すべきなのだろうか。「国際結婚」が加速度的に増加することによって、上述したような血統主義は現実的妥当性を持ちえなくなり、克服されることになるのか。あるいは日本社会における民族差別が解消されてきたからこその現象なのか。はたまた、同化の進行が最終局面を迎え、従来「国際結婚」と呼ばれてきた現象は、もはや文字通りの「国際」結婚ではなくなりつつあるのか。さまざまな疑問が思い浮かぶが、その答えを導くには、「国際結婚」カップルを対象とした大規模調査が必要であり、残念ながら本章ではその問いに答えることはできない。

しかし、本章での議論はあくまでも、在日朝鮮人は何かしらの形で「民族的現実」に拘束されているという前提に立ち、日常生活の安定性を確保するために「民族」を希求する姿に着目し、そこに共同性が開かれる可能性を見出すことを目的としている。そして、「国際」結婚であるがゆえの困難を抱えながらも、「民族」的であり続けようとする人びとの姿を、民族実践者として描き出していくものである。「国際結婚」家族が「民族」の実践を目指すとき、それは家族の安泰と両立するものでなければならないが、歴史性によって決定づけられる日本人配偶者との断絶はそれを阻害するだろう。本章では、その困難を乗り越え、「民族実践」と「国際結婚」とが両立するとすれば、それはいかにして可能なのかを、「国際結婚」カップルへのインタビューをもとに明らかにする。

2　分析視角——歴史性の「継承」への着目

R・ブレーガーとR・ヒルは、「異文化結婚」が文化的に同質な結婚よりも「より多様な彩りがある」理由として、両者が「異なった慣習や役割、規範、観念」を有しており、それが「日常生活において、差異がより明白となり、対立の大きな源泉」となりうるからだとしている。その一方で、「慎重な交渉と選択によって家族が好む習慣を選択」することによって「幅広い多様性の源」にもなりうると述べる（Breger & Hill 1998 = 2005:40）。本章においても、この「対立」と「適応」の両側面に着目しながら、「国際結婚」の内実を明らかにしていく。

橋本みゆきは、「国際結婚」という現象が、「同化程度の測定や差別の探知、集団特性を確認する」（橋本 2010:45）という視点からのみ捉えられるべきではないとし、在日朝鮮人が自律的に配偶者を選択する過程を、「自らの〈民族〉を生きようとする個人の行為選択」（橋本 2010b:46）として捉えることで、「国際結婚」に至るうえでの対立のあり方と、在日朝鮮人がそれを超克するために自らの民族観を改変していく様子を明らかにしている。橋本のインタビュー調査におけるインフォーマントの語りからは、たとえば結婚観の変化、両親の民族観との折り合いのつけ方、結婚式の内容や衣装の選択などにおいて、それぞれの語り手が自らの〈民族〉基準を再構築する様子を見て取ることができる。橋本は、そのそれぞれの事例から、「生の安全性」（家庭で「自分がやっていけると思えた感覚」）や他者との「共存可能性」、あるいは両親をはじめとした「周囲の承認」を獲得する過程に、「語り手たちの〈民族〉認識」がそれらの達成度の「一つの判断基準」として作用していることを明らかにしている（橋本 2010b:266-268）。また、そのようにして構築された〈民族〉の語りが、「数世代のスパンで自己の位置を捉え、生の安全性を慎重に確保しようとし、社会の矛盾にさらされ、自分なりに折り合う点を見つけながら、他者との関係形成をしてきた」（橋本 2010b:276-277）結果として生み出されたものであると分析している。

橋本による研究は、婚姻的同化と結びつけて捉えられがちな「国際結婚」当事者による語りも、ひとつの民族実践として捉え直すことが可能になるということを示唆している。しかし、実際に本章で「国際結婚」当事者の語りを分析するにあたっては、橋本の分析枠組みに若干の修正を加える必要があるだろう。以下に、橋本による議論が孕む問題点に言及しながら、その解決策を提示することで本章の着眼点を明確にしておきたい。

序章でも述べたように、橋本は、民族なる概念を、「広く了解されているような民族なる集合体実体の観念」（橋本 2010b:13-14）と、個人によって担われるものとに明確に分けて論じている。そして、前者の担い手を親世代に固定し、世代間の民族観の違いを強調することで、「語り手たちが生きる

〈民族〉は、『民族回帰』、あるいは先代からの『継承』」（橋本 2010b:276）ではないことを示そうとしている。こうした視点は、一・二世と三・四世のエスニック・アイデンティティのあり方を「祖国志向」と「定住志向」としてカテゴライズしてきた従来のアイデンティティ論と同じ轍を踏むものであると言わざるをえない。それとも関連して、結局かれ／かのじょらがなぜ、「国際結婚」に伴う困難に晒されながらも、なお〈民族〉にこだわり続けているのかを、橋本の論考からは読み取ることができない。言い換えれば、なぜ「生の安全性」の追及が「同化志向」には向かわないのか（同化を目指すのは生活の安定化のためだと考えるのは突飛な発想ではないだろう）という疑問が残り続けるのである。

問題は、現代を生きる、特に若い世代の在日朝鮮人にとっての歴史性の重要さを軽視している点にあるように思われる。それは、実際に植民地期を生き、あるいは朝鮮半島の分断を目の当たりにしながら日本で生き抜いてきた一・二世と「現代の語り手」たる三・四世は、「経験を共有していない」がゆえに、「互いに愛情を抱きつつも相互理解が困難」であるとする認識にもあらわれている（橋本 2010b:274）。確かに、橋本の調査対象者が語るように、「現代の語り手」たちと親世代との「歴史感覚」（橋本 2010b:272）は異なるだろう。しかし、「現代の語り手」たちもまた、就職差別や結婚差別などの、親世代の人びとが味わったのと同様の苦しみが自分に襲いかかってくるかもしれないという恐怖や不安、親世代との「歴史感覚」の遠さを、主に両親との相互行為を通じて「経験」しているのである。われわれはそれを、「歴史感覚」の断絶としてではなく、自分たちの置かれた状況と都合に合わせて親世代の歴史認識に変更を加えながらも、「歴史性」――約一世紀にわたって日本の植民地主義による抑圧と差別にさらされる立場にあること――を「継承」[※3]する行為として理解すべきである。

歴史性の「継承」は、在日朝鮮人個人が自らの生の安定性を維持するための民族実践としてとらえることができる。Ａ・ギデンズは、存在論的安心を得るためには、自己の生活史に「外的世界において起こる出来事を統合し、自己についての『ストーリー』の進行にこの出来事を振り分けていく必要がある」と述べる（Giddens 1991＝2005:59）。自らの「歴史性」を自覚することは、もちろん在日朝鮮人としての「私」がどのように成り立っているのかを了解するために必要なことであるが、それだけでなく、たとえば差別を受けることで自己の一貫性が揺らぐ可能性を軽減することにも繋がるだろう。あらかじめその可能性を認識しておくことによって、いざ差別が生じたときに、その経験を、速やかに私を構成する「ストーリー」へと変換することができるからである。

3　歴史性の「継承」と家族の安泰の両立はいかにして可能となるか

3-1　調査概要

以下に紹介する二つの事例は、橋本みゆきと共同で実施したインタビュー調査（一回あたり一時間半〜二時間半の半構造化面接調査）によって得られたものである。二〇〇八年一二月に夫である在日朝鮮人男性とのインタビューを行い、翌年二月にその妻たちへの合同インタビューを行った。[※4]この二組を選んだのは、夫がともに朝鮮学校出身者であり、夫婦ともに民族的な活動に広く携わっているため、アクセスが容易であったことが理由である。これらの事例が、「国際結婚」カップルの代表性を有しているわけでは決してない。しかし、本章は「国際結婚」カップルの現状を描き出すことではなく、「歴史性の継承」と家族の安泰の両立を目指す人びとの経験と実践を観察することを目的としており、この二つの事例においてそれは可能である。[※5]

3-2　事例1：洪英甫・大森美沙――「民族」的な家族を目指して

洪英甫（ホン・ヨンボ、仮名、日本名は大森）は三〇代後半の在日朝鮮人男性で、朝鮮籍を保持している。英甫は、幼稚園入学から大学卒業までの一八年間を朝鮮学校で過ごしてきた。英甫の父親は日本学校出身であったが、結婚などの転機に自身のルーツについて考えるようになり、子どもには自分と同じような葛藤を経験させたくないという思いから、英甫を朝鮮学校に通わせたという。妻の大森美沙は三〇代前半の日本人である。有資格の専門技術職に就いているが、インタビュー時点では育児休暇を取得中であった。両者は仕事の関係で出会い、九〇年代後半に結婚した。その際に美沙が、夫の日本名である「大森」に氏を変更した。

3-2-1　妻による民族差別の超克

【E-1：結婚前のイメージ】

（以下、Eは洪英甫、Mは大森美沙、Hは橋本みゆき、＊は筆者による発話）

E：結婚は間違いなく在日、同胞の女の子とって思ってましたね。一〇〇％。もうー、だから結婚するまで。実は結婚するまで。知り合ってすぐ結婚しました。二八の時に知り合って二九の時に結婚してるから。大学卒業後六年くらいはそんな考え、一切なかったですね。

E：二三、四くらいの時にほんまやったら結婚してる予定やったんですけどね。普通にいったら、普通にそういうような、パターン。日本の人とも付き合わずに、在日の人と結婚してるパターンね。僕らのいつものパターンですね。

大学卒業まで朝鮮学校に通い、卒業後も二年間、総聯の職員として働いた英甫は、日本人と結婚することはありえないと考えていた。かれがそう思うようになったのは、日本人との結婚を拒否する明確な理由や、在日朝鮮人との結婚に積極的になる特別な事情があったわけでもなく、それが周囲の在日朝鮮人のなかでの「パターン」だったからだ。そして、実際に英甫には大学生の頃に「長く付き合ってた子」がいて、「親どうしもどうせ、結婚やなって。もう、みんなが認めてて」という関係にあった。

その後、その相手との別れと、就職を機に日本人との恋愛を経験した英甫は、それまでの結婚観を捨て去らざるをえなかった。そしてその後、仕事の関係で美沙と出会い、結婚に至った。しかし、美沙は英甫に出会うまで、在日朝鮮人という存在すら認知していなかった。しかし、英甫が朝鮮籍であることなどを「ちょっとずつ分か」るようになり、それと重なるようにして二〇〇二年に拉致事件が発覚し、「テレビで報道がバンバンされてて、怖い」と感じるようになった。そして、英甫に対して日本国籍の取得と、子どもを日本学校に通わせることを求めるようになり、そうしなければ離婚しようと持ちかけた。最終的には「一緒に暮らせませんって」いう話になって、半年くらい別居」することになった。

【E－2：「本質」を伝える】

E：まあ、あのー、僕がすごい子ども可愛がってたのもみんな知ってるし、子どもも僕のこと大好きだったから、常に泣くから、ちょっと子どもだけこっちこさせやと。でー、ちょっとずつ電話とかで、物事は本質があるから…俺が仮にアメリカ人やったら、そういうこと言うか？っていう話からはじめたんですよ。それは朝鮮籍の人間やからそういうふうに見てるのか、それは黒人か白人かっていう話やでっていう話からはじめたんですよね。で、それは何を言いたいかっていうと、差別してるのかっていうことですよね。俺自身が拉致したかって。ただ国籍がそうなだけだったたっていうことで、でー、そっからは電話とかメールとかで、物事っていうのは本質っていうのがあって、だからなんで在日の人がここにいるのかっていう話から、今の日本の、あのー…あのー、歴史的な話ですよ…あのー、戦争はなんであったかから始まって、僕らの存在まで至るまでに（略）根本的に悪いのは誰かっていうのを、ひとつひとつ、色んな資料を持ってhhh、マスコミに振り回されてるのは、結局は本質はなんでかっていうところまで教えたんです。ちょっとずつやけど。（略）そういう話をしたらまあちょっと理解してくれるようになって、で、最終的には、僕らが幼稚園から小学校、高校、大学、一貫して民族教育を受けた現場を、見せに行ったんですよ。そしたら、うちの姉ちゃんが（朝鮮）学校の（略）九条の、ある（ところに）ね、いてる（住んでいる）からいっぺん連れておいでと。で、連れて行ったんですよ。ほなら嫁さんはもう、その現場を見て涙流して帰ってきたんで、まあ、ここの学校やったら大丈夫と。ということで（略）一緒にまた、暮らして。

英甫は、在日朝鮮人の歴史や在日朝鮮人問題の「本質」――「歴史的な話」のなかで「根本的に悪いのは誰か」――を伝え、あるいは学習を促すことによって、美沙の「差別」的な意識を改革しようとした。さらには、美沙を実際に朝鮮学校に連れて行くことで、自らが通い続けてきた学校と民族教育で学んできた「本質」がいかなるものなのかを直接見せることで、理解を得ることができた。

このように、英甫とのインタビューにおける「国際結婚」をめぐるストーリーは、離婚の危機を乗り越えて関係が修復されたことを転機として夫婦関係が大きく発展し、在日朝鮮人と日本人という異なる立場であろうとも良好な関係を維持し、さらには在日朝鮮人社会においても正々堂々と生きることができるようになったものとして語られた。英甫はインタビューの時点で、妻が在日朝鮮人をめぐる問題の「本質」を理解しているということが、「国際結婚」カップルの「生の安全性」を担保し、夫婦として在日朝鮮人社会における「承認」を得るために必要だと認識していたからこそ、そのように語ったのだろう。

ではなぜ、離婚の危機を迎えてまでも、日本籍を取得し子どもを日本学校に通わせるという選択をせず、美沙の説得に向かったのだろうか。それは、【E－2】で語られたような歴史観を持つ英甫にとって、日本国籍を取得することは、社会的な「死」を意味するものであったからだ。「ほんまに子どものためだけに生きていこうかな」と考えた時期もあったが、それはすなわち「社会的存在価値がなくなる」ことを意味する選択であり、かれは「死ぬより説得する方がええかな」という思いから、美沙との対話を試みたのであった。

3－2－2　朝鮮人への「同化」

では、美沙の意識は、この出来事を機にどのように変化したのだろうか。「朝鮮人として子どもを育てるのは、どういう考えにもとづいているのか」という質問に対する美沙の回答を引用する。

【M－1：「合わせてる」のではなく「認めている」】

M：私は「自分は、自分は」っていうのがすごく強くて。ていうのがあったんですけど、今は、私は私で、仕事も持って子供も産んで、自分の人生を進んでる。で、主人に関しては、主人の生き方を私はすごく尊敬してるんですよ。自分にないもの、朝鮮人てことに対しての誇りとか。（略）子供の育て方とか、そういう考えをすごくしっかり持っている人なので、主人が思っているように子供を育てていくことがいいだろうと、私も思ってる。（略）いろんな行事ごととか、そういうものに関しては合わせるけど、考え方は、合わしてるっていうんじゃなくて、認めてるっていう感覚でいます。

英甫による説得を経て、美沙は、かれの朝鮮籍や朝鮮学校への強いこだわりを肯定的に捉えるに至った。それは妥協ではなく、夫の主張に納得したうえでの変化であった。また、現在でも「たとえばニュースで北朝鮮の問題が出た」ときに、「わからへんことはすごく質問する」という姿勢は変わっていないとも語ったが、夫婦間での合意のうえで家族の進むべき道が決定されているということを、美沙は強調している。ただし、以下の語りにみられるように、そうした認識はあくまでも美沙の主観にもとづくものであり、英甫とそれを共有しているわけではなく、そのことにかのじょ自身も自覚的であった。

【M－2：「共存とか、まったくない」】

M：だからうちの主人は、共存とか、まったくないと思うんです。日本人やけど、朝鮮の社会でうまく生きてくれてる妻、くらいの。

H：ちょっとこだわりなんですね、洪さんの。
M：それがまた、いい響きなんじゃないですかね。
H：かれにとって？
M：かれにとって。
（略）
M：家庭の中とか身内の中とかで、うまく生きていく術っていうのを、身につけてしまったんですね。それはそれで、私は自分が無視されたとは思ってない。

美沙は、自身が強い自己主張を避けながら「うまく生きていく」ことによって、夫婦関係の安定性が保たれていると考えている。つまり、両者の関係性はあくまでも、かのじょが「日本人てことにこだわりを持たなくな」り、「それを主張しなくなった」[※6]ことによって安定しているのであり、英甫が美沙の日本人性に対する配慮の姿勢を見せたわけではない。【M-1】で「自分の人生を進んでる」と語っているように、そのことによってただちにかのじょの自律性が侵害されているわけではないが、妻が一定程度個を埋没させ、朝鮮人家庭に「同化」することによって安定した関係を築いているといえる。

では、英甫はこのような妻との関係性を、どのように認識しているのだろうか。

【Ｅ－３：一世男性と結婚した日本人女性】

Ｅ：えーとね、一世のおじいちゃんたちは、こっちに来て日本の人といっぱい結婚してるんですよ。で、韓国にも奥さんがいて、で、こっち来てまた結婚したりだとか。そういう人いっぱいいるんですよ。でも、僕ら見たら、その日本の奥さんらは、朝鮮の人に見えますからね。言葉もできはるし。意味分かります？結婚したら韓国人（に）なっていくんですよね。僕今そんな感覚です、今。昔みたいな感じなってるでしょ。自然の流れで。お父さんが家の中でしっかりしてたらそうなるんじゃないかなって。

英甫は、男系の文化を尊重する家族制度が、結果的に民族性の維持に寄与するものであると捉えている。そのうえで、一世の男性たちが、日本社会における直接的な民族差別に晒されるなか、日本人と結婚してもなお民族的な生を営んできたとし、自らの家庭もそれと同様の道筋を歩んでいるとすることで、「家族の民族性」を強調する。つまり、家族として民族的であろうとするために一世の時代にみられたような可視的な家父長制に回帰していくことを、むしろ肯定的に捉えているのである。

このように、英甫は家父長主義に依拠することで、民族的な家庭の構築を目指しているように思われるが、かれ自身はそうした方針が家父長主義的であるとは考えていない。

【Ｅ－４：「生き方の濃い方」の信念】

E：できるなら「なにじん」として堂々と、はっきり生きる方が、会社でも組織でも団体でも、理念ってものがあって、同じ方向性に向かって行くっていうのがあるんで。家族でもそうですよね、一人以上だったら。この家族はこういう理念で行くというものがあったら、迷うことはないと思うんですよね。
H：その方向っていうのをまとめて言うと、どの方向なんですかね？
E：生き方の濃い方。思い入れの強い方。自信ができるほどの人生を歩んでいる方に目覚めたらどうでしょうか。
（略）
H：女性だから（相手の生き方に従うべき）とか、そういう考えはないですね。さっき言ったように、どっちの色が濃かったか、というだけのことやと思うんですよ。たまたまそれで共感してくれたということでしょうね。

英甫はあくまでも、自身が家父長であるがゆえに家族内での主導権を握るのではなく、朝鮮人としての自負心や信念を強く持っているからこそ、自らが家族を牽引していくことで、家族が迷わずに進んでいくことができると考えている。
【E－3】の語りをみる限り、こうした考えは在日朝鮮人社会に根強く存在するジェンダー規範に強く影響されていると言わざるをえない。しかし、家庭内におけるジェンダー間のギャップは、美沙の支持を得ることで（【M－1】）問題化することはなくなり、妻の「朝鮮人家庭への同化」は「自然の流れ」であるとする認識（【E－3】）がうまれることになったのである。

3－3　事例2：具守連・具優子――家庭内における民族の「共存」

具守連（ク・スリョン、仮名）は四〇代の朝鮮籍在日朝鮮人三世である。日本人配偶者と約二〇年前に結婚し、現在三児の父である。両親ともに総聯に深くコミットしてきた家系だったこともあり、守連は幼稚園から高校までの一四年間を朝鮮学校で過ごした。大学からは日本学校に進学し、そこで配偶者と出会った。妻の具優子（ク・ユウコ）は結婚後、専業主婦をしている。優子は結婚後も日本国籍を保有しているが、婚姻届の提出に合わせて戸籍名を「山田」から「具」に変更した。

守連は、朝鮮学校に通っていた頃は英甫と同様、日本人との結婚は「ありえへん」と考えていた。その考えには明確な理由があったわけではなく、あくまでも「感覚的」なものであったという。しかし、大学入学後、周囲が日本人ばかりの環境に身を置くことで、大きな心境の変化があったと語った。

3－3－1　「民族心」をめぐって

【S－1：大学入学後の心境変化】

（以下、Sは具守連、Gは具優子による発話）

S：高校まではね、自分は朝鮮人で育ってて、あまりにも当たり前すぎて。あまり日本の人との接触もなかったから、日本の人がどういうふうに考えてるかとか、どう言ってるとか、あんまり気にもしなかったけどね。大学行って、まあ自分は本名で行ってるから、向こうも珍しいから、まあそういう話もたくさん出てくるんですよ。朝鮮学校の話とかね。そういう話になったら、もう、日本の人からしたら知らんことばっかしでしょ。だんだんいろんな話してくうちに、気がついたら自分は何か、朝鮮代表みたいになってきたの。（略）自分は朝鮮学校行ってたけども、別に、民族心が強くてどうのこうのって（なかった）。気がついたら親が入れてただけやから。特に強く持ってたわけでも（なく）、当たり前で育ってただけで。中途半端な知識ですよね、僕としては。その中途半端な知識総動員してやっても、「これはあかん」って思って。せっかく話せなあかんやったら、もう一回ちゃんと勉強せなあかん思ってhhh。それが自分にとって、きっかけ（としては）大きかったですね。

かれは、日本の大学に通うことで「民族心」が強まったと語った。朝鮮人として日本社会で生きるには相応の知識が必要だと感じるようになり、学習を通して「民族心育てていくことが、日本で生きていくうえで欠かせない、幸せになって生きていくために欠かせない」と思うようになった。また、「自分が付き合ってる人が日本人やから、特に自分も一生懸命になった」側面もあったという。その背景には、恋人や友人など、周囲の日本人たちに、在日朝鮮人という存在について「知ってもらう」ことが、かれの学生生活の安定に繫がるはずだという思いがあった。また、朝鮮学校出身の同級生や、である。

在日朝鮮人学生が集うサークルがあったことが、かれのこうしたポジティヴな姿勢を支えていたよう

守連は、大学入学後の劇的な環境の変化に対し、「不安は全然な」く、むしろ「わくわくして」いたが、こと優子との恋愛と結婚にかんしては「けっこう悩」んだという。そして、両者が結婚に至るまでには一〇年の歳月がかかった。それは、日本人との結婚に反対する家族（特に父方の祖父）を説得するのに「時間とエネルギーを要した」ためであり、途中、「『もうだめかな』って諦め」てしまった時期もあったほどだった。祖父が日本人との結婚に強く反対した最大の理由は、守連が「長男の長男」だったからだ。そして最終的には、「結局最後までオッケーっていう返事をもらわないまんま、その日（結婚式）を迎え」ることになった。

その祖父に対し、守連は以下のような思いを語った。

【S－2：「自分は例外」】

S：ほんと申し訳ないなって気持ちが。ハラボジ（祖父）には。「なんでわかってくれへんの」って気持ちはなかった。「ほんとに申し訳ないな」って。一世のおじいちゃんにね、感情的に、感情が解けてない人に対して、「わかって」っていうのはもう、できないことだなって思いました。ただただ、申し訳ないなって感じでね。だからそういう意味では、「国際結婚」に対しては、自分なりにいろいろ考えたんですけども、もう、「自分は例外や」と。

S：その代わり、自分の奥さんに、そういうハラボジの気持ちを奥さんにちゃんとわかってもらえるようにね、きちんと話しようって思って。

H：ああ、ええ。

S：「俺はそうやってできるから、俺はええんや」って勝手に言い聞かしてｈｈｈ。

（略）

S：自分は今回するけども、ほかの人がなったときに、これは、積極的に応援はまだまだできへんなって。時期尚早だな、って気持ちでしたね。

守連の祖父は長らく民族運動にかかわっていたこともあり、日本人が家族の一員になることに、強い抵抗感があったものと思われる。守連がその祖父の感情に対して、反発するのではなく「申し訳ない」と感じるのは、祖父の感情の根底にある民族意識を祖父と共有しているという感覚があるからだろう。また、自身が日本人と結婚することで、祖父との関係に亀裂が生じてしまったことを、「自分は例外」と位置づけることによって乗り越えようとしていた。この「例外」という認識は、【Ｓ－１】で語られていたように、民族について語るべき言葉を持つがゆえに、妻の理解を促すことができるという点に、他の在日朝鮮人との差異を見出すことによって支えられている。

3-3-2　夫婦の「共存」と教育方針

次に、結婚後、守連と優子とのあいだでいかなる関係性が構築されたのかをみていく。まずは守連の語りを見てみよう。

【S-3：氏変更をめぐって】

S：我々の場合は、僕が（外国人登録上の国籍欄が）朝鮮表記なので、日本政府としては「国としては認めてない」という立場なのね。自動的に子どもは母親の籍に入るようになっちゃったの。結局、母親の籍に入るということは、母親の姓になるのね。それではあまりにも。我々は、朝鮮人として育てようってことで、妻とも、それは話し合いでね。朝鮮学校も行かすし、朝鮮人として育てるということになったのね。それなのに自分の名前が山田であるならば、子供はもう、混乱するし。

H：ええ。

S：まあ、氏変更することで具姓を名乗ることができるから、そうしようって。それはうちの人も素直に。

H：それは具さんが提案をして？

S：それはどっちだったか、もうわからないですけどね。

H：ふうん。
S：そのへんは覚えてないですね。もう、どっちが提案ていうよりも、うちは2人とも同じ方向向いてたんで、どっちがどうってことでもなかった問題ですね。

守連は、妻との関係性について、「二人とも同じ方向を向いて」いるということを繰り返し強調した。そして、朝鮮人の家庭として歩んでいくことに関しては、妻とのあいだですでにコンセンサスがとれており、そのうえで妻が「山田」から「具」へと氏変更を行ったことも、強要されたものでは決してなく、あくまで自然な流れで行われたと語った。

優子もまた、たとえ夫の側が民族的に「バリバリ」の（民族意識の強い）家庭に育ったとしても、「女の奥さんが学校に入れたくないってなったら、絶対にそれはできない」と語り、朝鮮人の家庭として歩んでいくことや氏変更を行ったことは、夫側への従属の結果ではなく、自身が夫の「民族心」を理解しているからこそ可能になっていると語った。実際に夫婦の語りからは、両者が保護者会で中心的な役割を担うなど、子どもの民族教育に積極的に取り組んでいる様子がみてとれる。かのじょが子どもを朝鮮学校に送るべきと考えるのは、朝鮮学校に入ったほうがより多様な情報に触れることで「視野が広くなる」からであり、また、日本の学校に行くと「『何で自分は朝鮮人なんやろ』って思ってビクビクしながら生活」しなければならず、それが教育上良くないことであると考えるからだ。

また、かのじょにとって、子ども朝鮮学校に通わせることは、「ハーフ」[※7]としてのアイデンティテイ形成を考慮しての選択でもあった。

【G－1：優子の思い描く教育方針】

G：子供たちも、オモニ（母）は日本人でパパは韓国人っていうのはわかってる。ハーフなんやって。（略）それをどっちかに国籍変えてこっちにならなあかん、てのは思わんでいい。ただ、日本の文化も知り、ちゃんと勉強して、何で日本にいるのかっていうのを知ったうえで、どっちかっていうのを選んで生きていけたらって思ってる。だから大きくなった時に、「日本人になりたい」って言ったらそこはいいかなと。でも、ただ、意識としては、どっちも持ってるっていうのは。

（略）

G：歴史を受け入れるっていうか、真実を受け入れないとダメでしょ。その真実をわかるようにするには勉強もしないといけないし、学校も入れて、真実を見極める力をつけてもらう。それを、日本の方だけ受け入れて、イヤでも入ってきますよ、でも学校行ってて「そうじゃない」ってことを自分なりに確かめたり、いろんな親から聞いて受け入れるっていうのをやってかないと、今からは。

【G－2：共存】

G：私も半分入ってるんやから、（家庭内に）日本が半分入ってるんやから、こっち一つ、一方はおかしいっていうのもあるんですよ。全部朝鮮にあわせるのも何かなと、たまに不思議に思うんやけども。でも私たちは、共存をしたいっていうので結婚をしたんですよ。何も、どっちかに偏るっていうんじゃなくて。

この語りからは、子どもの教育方針をめぐる夫婦間での認識の違いがみてとれる。すなわち、守連が朝鮮人として育てるために朝鮮学校に通わせているのに対し、優子は子どもたちが自らの意思でエスニック・アイデンティティを模索していくべきだと考え、まずはその前提として朝鮮人として生きるという選択肢を与えるべく、朝鮮学校に通わせていた。そして、優子が朝鮮学校に期待するのは、「歴史」や「真実」を「受け入れ」、「見極める」力をつけるための教育である。そうした考えは、自らが「歴史」や「真実」を受け入れる努力をしたことによって、夫と「共存」することができているという経験に支えられている。

4　考察——民族とジェンダーの交差性

ここまで、二組の「国際結婚」カップルの語りを、歴史性の「継承」に着目しながら理解することを試みた。まず、英甫にとって「朝鮮」を放棄することは、「社会的な死」、すなわちそれまで自らが身を置いてきた社会関係から完全に切り離されてしまうことを意味するものであり、それゆえ、美沙とのあいだにある非対称的な民族間関係を乗り越えることは、「生の安全性」を得るために避けては通れない道であった。しかし、並々ならぬ努力の末に妻の理解が得られた途端、両者の関係は一転、ジェンダーをめぐる非対称的な関係へと変転していった。その過程で美沙は、日本人性を以前のように顕在化させることなく「朝鮮人の妻」へと家族内での立場を変えていくことになった。英甫は、妻からの民族差別的なまなざしを克服しようとする過程で、「国際結婚」の困難さを強く実感したが、それを乗り越え、歴史性の「継承」と家族の安泰を両立させるために、家族内での美沙の自律性が失われない範囲での日本人性の排除が目指されたものと考えられる。

他方、守連の語りからは、祖父の存在を通して民族観を再構築していく様子をみてとることができた（【S－2】）。守連は、「国際結婚」という選択を正当化しつつ、祖父の民族意識を引き継ぐために、自身の結婚を同化傾向を象徴する「国際結婚」の中でも例外的なケースとして位置づけ、実際に「民族心」の強い家庭作りを目指している。また、守連と優子とでは、教育方針、すなわち子どもを朝鮮学校に通わせる目的が夫婦でそれぞれ異なっていたが、朝鮮学校に通わせることは、それぞれの目的を適えるために必要な条件として認識されていた。このことは、「国際結婚」家族を横断する境界線を乗り越えるためには、家族員のそれぞれが自らの立場や目的に合わせて歴史性を「継承」する必要があるということを示している。

両者の語りは、妻とのやりとりのなかで積極的に「民族」に言及している点で共通している。英甫は妻からの民族差別を体験したが、「説得」を通してそれを克服したことは、「民族」にこだわるより明確な根拠を与えることになった。守連は、大学在学中に日本人の友人たちと在日朝鮮人問題について語り合う場を多く持つことで被差別を防ごうとしていたが[※8]、妻の優子との関係においても、同様の姿勢が貫かれていた。こうした姿勢は、かれらの教育方針にも強く反映されていた。両者はともに、子どもを朝鮮学校に通わせ、朝鮮人として育てることに強いこだわりを示していた。それは、自分たちが直面し、あるいは回避してきた差別が、子どもたちに回帰することを懸念するがゆえのものである。

二組の事例は、異なる文化と背景を持つ個人が共存する場としての家族が、民族実践と、その宛先人の受け止め方次第で成立しうるものであることを示している。家族の安泰が目指されるとき、家族員たちは、そのための対話の場に「個人」としてのぼることになる。したがって、一方から「個人」にとっての歴史性が語られるのに対して、もう一方もそれに「個人」として向き合わざるをえなくなる。そのような状況に置かれることで、美沙と優子は、歴史性が夫の主体性を支える最も重要な要素であることに気付き、最大限それを尊重することで、民族性を覆い隠すことのない共同性が創出されたのである。

しかしながら、両者の語りはともに、男性中心主義的な傾向、あるいはそれに転落する可能性を感じさせるものでもあったと言わざるをえない。たとえば、守連と優子の語りに顕著だったように、子どもの教育方針は、夫婦間で異なる様相を呈しているにもかかわらず、夫婦で意見が一致しているとみなされていたし、夫が掲げる「朝鮮人として育てる」という方針が、今後「ダブル」である子どもたちの自律的なアイデンティティ構築を妨げる可能性も否めない。

このように、かれらが模索してきた「民族実践」は、国際結婚の困難さを超えて家族員がエスニシティの違いを越えた共同性を構築する可能性を指し示すものであったが、ひとたび家族の安泰が実現し、「民族」が家族員の意思の一様さを表す「本質」として捉えられるようになることで、男性中心主義へと転落していく危険性を孕むものであった。

5　おわりに

ここまで、二組の国際結婚家族を事例として、歴史性をめぐる断絶によって家族の安泰の危機に直面しながらも、歴史性を「継承」していくためにその架橋を目指す様子を描き出してきた。かれらは、結婚前後の生の連続性を維持するために、歴史性の「継承」を志したが、その実践は、家族員との対話的な関係を生みだした。そして、結果的に配偶者は「民族」の担い手としての役割を自ら見出すことになり、家族内を横断する境界を超えた共同性が構築されるに至っていた。

言うまでもなく「国際結婚」は否定すべき事象ではない。在日朝鮮人の結婚のほとんどが「国際結婚」である今、在日朝鮮人社会において、それ自体を否定するような声はおそらくほとんど聞かれなくなった。しかし他方で、それが同化を伴わずして成立することはありえないと考える者も多いのではないだろうか。本章で扱った事例は、そうした見解に対し、「国際結婚」であっても「民族」を放棄しない道がありうることを示している。そして今後、異種混淆が加速度的に進行していくなかで、本章の事例に見られたような「国際結婚」家族における「民族」の実践は、日本社会の日常を根底から揺るがしうるだろう。

繰り返し述べているように、両事例において「民族実践」が目指されているとき、家族員間の関係は非常に対話的なものであった。そこには、互いが「在日朝鮮人」と「日本人」ではなく、あくまでも配偶者個人と向い合うような関係が成立していた。しかし、子どもの朝鮮学校への入学が果たされるなど、「民族」の実践が軌道に乗ると同時に、両者の関係は「夫」と「妻」というジェンダー秩序によって規定された関係へと変転した。その意味で、「国際結婚」は、「複合差別」[※9]（上野 1996：204）の危険性を孕んだものとして捉えざるをえない。ただし同時に、これを単に「複合差別」のあり方を示す事例としてのみ取り扱ってもならない。なぜなら、本来、「民族実践」が目指される過程で築かれた関係性は、「複合差別」を乗り越える可能性を示すものであるはずだからだ。

【註】

※1　ここでは、在日朝鮮人と日本人の結婚を、在日朝鮮人社会において最も一般的に用いられて

いるという理由から、「国際結婚」と呼ぶこととする。ただし、日本では一般的に、「国際結婚」という用語を、異なる国家に属する者どうしの結婚（international marriage）、あるいは異なる国籍を持つ人どうしの結婚（internationality marriage）を指して用いるため、在日朝鮮人と日本人の結婚を国際結婚と呼ぶのは本来適当ではないようにも思われる。本来、「異文化結婚」（intercultural marriage、あるいはcrcss-cultural marriage）が呼称としてより適当だろう。したがって、便宜上国際結婚という用語を用いるという意味で、括弧付きで表記する。

※2　厚生労働省大臣官房統計情報局編平成二五年度『人口動態統計』に基づき計算。

※3　継承という用語は、「前代の歴史観を無批判にまるごと受け継ぐ」というような意味合いで用いられるのが一般的だろう。ここであえてこの表現を用いるのは、一見すると一般的意味合いの継承であるようにみえる語りが、実のところ、個人による「民族」に対する能動的かつ主体的な姿勢にもとづいたものであることを表現するためである。ただし、誤解を避けるため、括弧つきで表記する。

※4　なお、橋本は、本データを用いた論考を既に発表している（橋本 2010a）。共通の仮名を用いているので是非とも参照・比較していただきたい。

※5　また、二つの事例がともに、在日朝鮮人男性と日本人女性の結婚であるという点について、在日朝鮮人社会と日本社会がともに家父長制的志向が強いことを考慮すると、日本人男性との結婚に比べ、家庭内における「民族」への言及が比較的容易であると思われる。当然、こうしたジ

ェンダーの非対称性についても検討される必要があるが、それについては今後の課題としたい。

※6　美沙の語りから引用。

※7　本書では在日朝鮮人と日本人の生まれた子の呼称として一貫して「ダブル」を使用しているが、ここでは優子による表現を尊重する。

※8　このような行動はおそらく、間接的被差別体験に基づくものと思われる。間接的被差別体験とは、福岡・金によると、「身近な人が受けた民族差別の見聞」（福岡・金 1997:47）と定義されているが、それに限らず、日本社会では在日朝鮮人の誰しもが直接的な被差別を経験する恐れがあり、実際に差別を受けたときの衝撃を和らげるべきだという考えから、家庭や学校において、あらかじめ差別に関する情報が提供されることもしばしばある。

※9　複数の差別が、単に折り重なるのではなく、たとえば一方の差別への抵抗が他方の差別の強化に繋がるといったように、ねじれた関係にあるような状態を指す。

補遺

「家父長制的民族主義」からの「逃避」とその超克

——ある在日朝鮮人青年の「渡韓」を事例として

第3章では、「国際結婚」カップルの事例を通じて、日常的実践の視点からの「民族」の捉え直しを試みた。筆者は、在日朝鮮人社会における従来の意味での民族が、日本人と日本社会の「不足」を問うための抵抗の姿勢、すなわち反民族差別の文脈からのみ定義づけられ、その反作用として純血主義や性差別的なジェンダー秩序が、その反民族差別のための「必要悪」として正当化されてしまうような状況とは訣別すべきであると考えているが、第3章の事例は、在日朝鮮人が家父長主義的風潮を拭い去ることの困難さを具体的に指し示していたように思う。家父長制[※1]によって強く規定された民族主義（以下、「家父長制的民族主義」と呼ぶことにする）は、多くの在日朝鮮人の日常生活に深く浸透しているものと考えられる。では、家父長制的民族主義は、具体的に在日朝鮮人の生にいかなる影響を及ぼすのだろうか。また、在日朝鮮人は個人として、この一見動かしがたい秩序に対して、どのように向き合うのだろうか。筆者はこの点に関して、いまだ十分な調査・研究をおこなうことができていないが、ここでは、第3章での議論を少しでも補うために、また、今後の研究課題を明らかにするために、家父長制的民族主義によって生のあり方が決定づけられてしまうことを拒否するために在日朝鮮人社会から「逃避」したある在日朝鮮人が、別の「居場所」を模索しつつ、それと対峙しようとする姿を描き出してみたい。

1　はじめに

筆者は二〇一〇年三月から半年間、大韓民国・ソウルに滞在し、韓国在住の在日朝鮮人や中国朝鮮族を対象とした調査を行っていた。〈私〉がそのような調査を企画したのは、コリアン・ディアスポラにとっての「渡韓」が、当事者たちの経験においてはたしてどのような意味を持っているのかを知りたいと思ったからだ。しかし、調査を進めるにつれ、当初設定したリサーチ・クエスチョンを大きく見直す必要に迫られた。ここでは、そのきっかけとなった林優紀の語りを紹介する。

結論から述べると、優紀にとっての渡韓は、母国語の習得や、「本国」である韓国を肌で感じたいということもちろんあるだろうが、それよりもむしろ、日本社会、あるいは在日朝鮮人社会に身を置くなかで感じた「生きづらさ」から「逃避」することを目的としてとられた行動であった。そして、その「生きづらさ」は、端的に言えば在日朝鮮人社会に根付く家父長主義に起因するものであった。

しかし、かれにとっての「渡韓」は、民族共同体からの完全な離脱を表明するものではなかった。韓国でも、かれが「在日僑胞」というマージナルな存在であることに変わりはないし、自分自身もあらかじめそのことを理解したうえで渡韓しているからだ。すなわち、従来の民族共同体の拘束から距離を置き、あくまでも在日朝鮮人として「民族」とのかかわり方を抜本的に見直す機会を得るための渡韓であったといえる。だからこそかれは、アメリカやヨーロッパではなく、韓国を渡航先として選択したのである。

〈コラム2：家族と民族〉

家父長制が具体的に、在日朝鮮人の日常生活においていかに構築され、在日朝鮮人家庭のあり方を規定してきたのかについては、一九七〇年前後に、在日朝鮮人一世を父に持つ在日朝鮮人作家たちによって発表された文学作品から如実に読み取ることができる。ここでは議論の参考として、在日朝鮮人家庭における家父長主義についての論考でしばしば引用される、李恢成の小説を紐解いてみよう。「人面の大岩」は、李の父親の肖像を描いた小説である。李は、父の家庭内での態度について、以下のように描いている。

家庭における父は唯我独尊であり、家人の意見にはほとんど耳をかたむけようとしなかった。自己中心に物を考えるかれは、誰よりも人生を長らえてきている自分の意見をなぜ息子たちがもっと拝聴せぬかと不満に思っていたようである。親は子供にわるいことをするはずがないのに、子供はその心を知らずに反抗するというのである。（李恢成 1986:61–62）

李の父親は、祖国から離れ、サハリンと北海道で「政治にいためつけられ」、貧乏を強いられるような「豚の生活」を余儀なくされた。そして、父親の不満のはけ口として暴力を振るわれる母と子は、それこそ「不満のはけ口がないまま、黙々と暮らすより仕方ない」、「豚以下」の存在であった。かれは、そんな生活から抜け出すために「家を出たい。一日もはやく大人になりたい」と願い続け、大学浪人中にようやく親元を離れ上京を果たした（李恢成 1986:63-65）。

それほどに恨み、軽蔑していた父親を、かれはこの小説の最後で、以下のように振り返っている。

最近になって、ぼくは父を思い出すことが多くなった。少年の頃、あれほどおそろしかった父の感じはいまは歳月が賢明に淘汰してくれている。長いこと、ぼくには父の背後にある不気味な坑道が何なのかよくわからなかった。その薄暗さは父の狂暴さを育てるけもの道に通じているようにうつっていた。（中略）この頃になって、その坑道に光がほのかに射しこんでくるように思われる。ひょっとして、自分が朝鮮人として父のことばを理解しようとしているせいかなと考えてみる。もしもそうなら、ぼくはうかつにも父を見くびりすぎてきたのだ。生前の父は、息子たちが自分の祖国を忘れぬ人間になるようにと口がすっぱくなるくらいに喋っていた。そして父は、どんなに滑稽でだらしのない人間にみえるときでも、その一念においてたえず息子たちのりっぱな親だったのである。（李恢成 1986:85-86）

なぜかれは父親を「理解」しようとするに至ったのか。高和政は、同じ箇所を引用しつつ、「あくまで『男』の子、すなわち息子の視点だけから描かれていることもあり、女性に対する抑圧を結果として見過ごしてしまうという側面が抜きがたく存在してい」（高 2005:237）ると分析している。たしかに、李恢成の作品にそうした側面があることは否めないが、高の指摘はあくまでも家父長制が生み出す暴力の連鎖の一側面を描き出しているに過ぎない。むしろ、この引用箇所において重要なのは、「自分の祖国を忘れぬ人間」へと成長した李が、父の暴力を「歳月が淘汰してくれている」ように忘却していく点にある。宋連玉によると、戦後の在日朝鮮人社会においても前近代的な家父長制が存続したのは、「南北に分断した国家が双方ともに国民統合のイデオロギーと親和性をもつ儒教的で家父長的な価値観・ジェンダー規範に」（宋 2005:262）民族文化の基盤を見出し、在日朝鮮人社会においてもそれが踏襲されたためである。つまり、伝統的な意味での民族は、そもそも家父長制を前提として構築された概念であり、それを追求する限りにおいて、家父長制による拘束からは逃れることができないのである。

李の父親が、力に物を言わせてまで維持しようとした「家族」とはいったい何だったのか。鄭暎惠は、マイノリティにとっての「家族」は、それが「〈ホーム〉＝『安らぎの場』として機能して」おり、「異文化の中に身をさらし、様々にカルチャー・ショックを受けることからくる緊張」に対する「緩衝体」になっていると述べる（鄭 2003:100）。ただし、それは必ずしも、家族全員にとっての〈ホーム〉であるとは限らない。鄭は、「中国残留孤児」の男性とのあいだに三人の子を持つ中国人女性が、夫と子が日本社会に適応するスピードについていくことができず、また、夫にはその苦悩を本人の責任であるとして取り合ってもらえず、結局かのじょが、かれらの社会適応のスケープゴートになっていったことを例として挙げ、「外的社会からの同化圧力」を受け続ける限りにおいて、マイノリティが家族を、その成員全員にとっての〈ホーム〉として維持することは困難であると述べている（鄭2003:100-103）。李の父親もまた、妻と子をスケープゴートにすることで、日本社会において常に民族差別に晒されるなか、一時でも安らぎを与えてくれる場としての「家族」を維持しようとしたとも考えられる。

しかし、ことはそう単純でない。李は、朝鮮人としての父親が「たえず息子たちのりっぱな親だった」と回想しているし、母親もまた、自分が父親のスケープゴートにされていることを自覚していないからだ。李は、かれの母親について綴った、芥川賞受賞作品である「砧をうつ女」で、母にとっての自分自身と父の存在について、以下のように書いている。

母はどうやら何かを考えている。この自分を〈私の子〉として育てようとしている。漠然とながらも僕はそう思った。〈私の子〉という言葉が、まるで注射のあとの痛みのように体内をねぶって流れていくのであった。（中略）かの女のきびしい態度はそのまま自分の夫にたいしても通じるものであった。日ごろは夫にやさしい妻であった。睦まじそうにみえた。父もかの女を妻としていることに満足しているようにうつるのであった。（李恢成 1986:36）

もちろんこれはあくまでも李の主観ではあるが、かれがいうように、母親は自らを、あくまでも家族における主体として自認していた可能性は少なくないだろう。ソニア・リャンは、朝鮮総聯にコミットする女性たちの語りに、民族主義的な動員に関わってきたことに対する「満足と自己肯定、自己確信」がみられることから、「かのじょたちが女性としての主体性を男性視点の愛国心に同化させる」構造が存在しており、その意味においてかのじょたちが「男性支配という罪過」の一端を担わされていたと考察する（リャン 2005：120-123）。その点、李の母親は、協和会[※2]の役員を引き受けた父親に対して、殴られることを恐れずに真正面から反対意見を述べるなど、終戦間際という、朝鮮人としてふるまうことがより困難な状況で、家族が時勢に流されないような生き方を実現できるように支えようとしていた。

李の母親は、ソニア・リャンが例示した総聯にかかわった女性たちと同様、家父長制における女性の役割に身を置くことそのものに、民族の担い手としての主体性を発見していたものと思われる。つまり、李の家庭における家父長制は、家父長たる男性から本質主義的に妻と子に対して押し付けられたものではなく、その構成員それぞれが、民族運動を展開するうえで自らが身を置くべき役割を自覚的に演じることによって成立するものであり、家庭の民族的安定性に根拠を与えるものとして機能していたのである。

2　差別の連鎖はなぜ起こるのか

在日朝鮮人社会には、本国と同様、儒教の信念体系と行動様式に則った家父長制が広く浸透している。それゆえ、たとえば祭祀（チェサ）をはじめとした、家族の営みのなかで、父子間・夫婦間関係の非対称性が顕在化する場面は往々にしてみられる。朝鮮半島において家父長制が広く浸透するようになったのは、支配階級である両班の規範が広く一般民衆に浸透するようになったことに端を発する。李朝中期以降、官位の買収や戸籍の偽造などによって、支配階級の「両班（リャンバン・ヤンバン）」を名乗る者が急増し、また、李朝崩壊後も両班層への上昇志向が非常に強かったため、ほとんどの朝鮮人が両班の末裔を称する事態を招いた（瀬地山 1996：214–217）。それに伴い、男女有別、父子有親、長幼有序などを基本とする「両班」の儒教規範が、朝鮮社会全体に拡散することになったのである。

日本帝国による植民地支配が肯定されるべきものではないことは言うまでもないが、見方によっては、植民地化の危機は、朝鮮民族が家父長制を克服する大きな契機でもあったはずだ。しかし、「民族」に対する差別や抑圧、暴力に晒されながらも、朝鮮人男性たちは家父長主義にもとづいた女性や子どもに対する差別・抑圧・暴力を止めようとしなかった。それどころか、家父長制の正当性を民族差別に求めるようになった（宋 2005：262–263）。このような差別や暴力の連鎖はなぜ起きてしまうのか。この疑問に答えることなく、抑圧を内包しない共同性のあり方を模索することは不可能であろう。

郭基煥によると、差別は「我々の世界」に対する「彼（女）らの世界」の介入を排除しようとする現象である。[※3] わたしたちはしばしば、親密な関係にある者が、第三者と接触することに漠然とした不安を抱くことがある。「私」の知らない他者どうしの世界でどのような会話がなされ、何が起こっているのか、知る由もないからだ。このような不安を払拭したいと願うとき、「私」は親密な他者を束縛し、「我々の世界」に留めておこうとする。その手段として、不当に生活上の権利を奪い取ったり、力で押さえつけることがおこなわれるのである。差別が生じる原因をこのようにとらえるならば、たとえば「家父長」たる在日朝鮮人男性が妻と子を抑圧するという現象は、日本社会における「よそ者」として常に不安定性を経験している在日朝鮮人が、せめて家庭生活の領域において安心を得るために排他的な「我々の世界」を作り出そうとすることによって生じるということになる。

ここでは、家父長制が若い世代の在日朝鮮人のアイデンティフィケーションを強く規定していることを、実際にその語りから明らかにしていくが、ここまで言及してきたように、解放後七〇年以上に渡って築き上げられてきた在日朝鮮人社会における民族主義が家父長制と相互補完関係にあり、それが在日朝鮮人全体に深く内面化しているとすれば、果たしてそれはどのように克服することができるのか、その具体的方途を考えるうえでも、以下に示す林優紀の語りは傾聴に値するものである。具体的には、かれが韓国で構築した新たな生活圏の内実、あるいはその過程で再編成された在日朝鮮人観から、かれが在日朝鮮人社会に対していかなる変化を求めているのかを読み取っていく。

3　「逃避」と新たな生活圏の構築

林優紀（リム・ウギ）は二〇代のFTM（female to male）トランスジェンダー[※4]であり、二〇一一年現在、韓国の大学に通う学生である。父は在日朝鮮人三世、母は在日朝鮮人二世で、民族団体に勤めているときに出会い、結婚した。高校生の頃に家族全員で韓国籍を取得している。小学校入学から高校卒業まで朝鮮学校に通い、卒業後に渡韓した。

インタビューの中盤にトランスジェンダーであることをカミングアウトするまで、〈私〉はそのことを知らなかった。したがって、インタビュー前半は朝鮮学校出身者、あるいは在日朝鮮人としての経験、後半はトランスジェンダーとしての経験に関する語りが中心となっている。

インタビューの序盤、優紀は、小学校での経験を、「ボス的な存在の女の子」への反発を中心に語り、それに対し中学での思い出を、「統制する子」がおらず「すごい楽しかった」経験として語った。そして、そうした語りの合間には、在日朝鮮人研究者である〈私〉を気遣ってか、駅前での日本人学生との喧嘩や、警察官にありもしない万引きの疑いをかけられたエピソードなどを紹介し、そんな経験をしても「自分が在日であることに対して、嫌って思ったことは一度もなかった」と語ってくれた。

それにもかかわらず、朝鮮大学校への進学や、総聯の傘下団体への就職を考えたことは一度もなかったという。

【U－1：在日朝鮮人社会の「狭さ」】
（以下、Uは林優紀、＊は筆者による発話）

U：それもまったくなかったですね。とりあえず、高校のときに、思想教育とか、そういうのは別にどうでもいいいんですけど、とりあえず視野が狭い、世界が狭いっていうのが耐えられなかったんです。

＊：ああ、在日社会の狭さ？

U：そう。噂はすぐまわるし、とりあえずそういうのが嫌いで、そういう面で在日が嫌っていうのはあるかもしれないですね。

＊：ああ、そういう面でね。

U：そういうのが今でも嫌やし。そういうのが良い面でもあるんやけど、合わへんっていうか。

＊：確かに合わへんかったらとことん合わなさそうやもんな、そういう狭いところって。

U：そうなんです。

＊：うんー。

U：なんかこう、一言言っただけでも、すぐにバーって広がるじゃないですか。とりあえずそっから抜け出したかったたっていう。

優紀は、自らが属してきたコミュニティの「狭さ」が嫌で、とにかくそこから抜け出したかった。ここでいう「狭さ」とは、初対面の人が実は親戚であったとか、噂がすぐにコミュニティに知れ渡るような場面を指してしばしば用いられる言葉であり、在日朝鮮人社会、特に総聯コミュニティ内での人々の関係の密接さを表現するものである。総聯コミュニティは、朝鮮学校を中心として形成されている。朝鮮学校の生徒数はそれほど多くなく、また、学校運営に学父母が深くかかわるため、家族単位での親密なネットワークが築かれやすい。したがって、互助の取組みがさかんに行われるという利点がある一方で、ひとたびその親密な関係性がはらむ暴力にさらされたとき、あるいはそれを窮屈に感じるような経験をしたときに、そのコミュニティが生活と密接にかかわっているがゆえに、そこから抜け出すことは困難になる。

また、「韓国に来て、在日朝鮮人として感じることは?」という質問に対し、かれは以下のように答えた。

【U-2：渡韓後の在日観】

U：日本にいるときは、とりあえず日本人ではないのは確かじゃないですか。でも韓国に来て、それも違うなって思いました。

＊：ほう。

U：日本人でもないし、結局は韓国人でもないし、朝鮮人でもない。在日。

＊：やっぱ、来る前より、在日っていう感覚が強まった？
U：強まったっていうか、そこにしかたどり着けない。どう考えても。
＊：ああー。
U：そこがもともといるべき場所やし、そうあるべき場所。結局、国籍を何に変えたとしてもそれは変わらんことやし、特にウリハッキョ出てる以上。それを変える必要はないと思う。無理に日本人になろうとか、無理に韓国人になろうとか、そういうのは。それが一番大きいです、それを知ったことが。結局自分はどっちでもないっていうのが。
＊：別にそれが嫌なわけじゃなかったたってこと？
U：中途半端やなってくらいですね。
＊：ああｈｈｈ。
U：ほらやっぱり…性格が中途半端やから、そっちも中途半端なんかなって。とりあえず自分の人生って全て中途半端やなって。まぁちょっと、自分のなかでは笑い話。その中途半端さが、自分らしいっていうか。

韓国に留学した在日朝鮮人学生が、一部の韓国人は在日朝鮮人の存在すら認知していないという事実や、言語的・文化的にほとんど同化しているのだから日本人と変わりないとみなすまなざし、「パンチョッパリ（半日本人）」として差別的に見下すような社会意識に触れ、結局自分は韓国人ではなく、あくまでも「在日」でしかないという認識に至ることは、少なくとも筆者が調査したなかではよく見受けられた。しかし、優紀はそれを、在日朝鮮人としてのアイデンティティ・クライシスの直接的な要因としてではなく、自分自身の「中途半端」さの一端を象徴するものとして語った。優紀は、カミングアウトに際して、自らのセクシュアリティをめぐる問題を、「自分の人生のなかでは、それは全てといっていいほど重要なこと」であると語った。したがって、「全て中途半端」であるという意識は、トランスジェンダーという立場に由来するものであり、それが「在日」であることの自己定義にも影響を及ぼしているものと考えられる。

しかしそうした意識は結果的に、境界と境界の交点に立つような位置取りから人間関係の再構築をはかっていく契機を生んだ。以下にその位置取りの中身をみてみよう。優紀は、韓国に留学してからも周囲は「在日だらけ」だったことに最初は強く「失望」したという。それは、在日朝鮮人留学生たちとの、「在日」という立場をめぐる認識の違いからくるものであった。

【U-3:「在日」の長所と短所】

＊:今こっちで、在日と付き合うことについてはどう思ってる?人付き合いという意味で。

U:うーん、やっぱり在日にこだわりすぎじゃないかなって思ってます。

＊:ああ、他の在日の子が?

U:なんか、在日っていうのが一つのステータスというか。全然知らん人とあって、「俺も実は在日なんですよ」って言ったら、「あ、俺も！」って一気になれなれしくなるっていう。そういうのがあんまり好きじゃないんですよ。一人の人間としてじゃなくて、在日としてしか見てないというか。結局つながってるのは在日っていう理由だけというか。

（略）

でも、やっぱり心強いのは心強いです。在日にしか分からんことももちろんあるし。だから複雑ですよね。結局はすごい好きなんですけど。

優紀は、かれにとっては中途半端に思える「在日」という立場に固執し、それを共通項としてつながりあう友人たちに拒否感を覚えていた。なぜならそうした関係性が、優紀が在日朝鮮人社会において経験した窮屈さの原因でもあったからだ。もちろん「在日」として韓国で生活する不安を共有するうえで、「在日」どうしのつながりは「心強い」ものでもあった。しかし、そのつながりのなかで、個人のエスニックな要素以外に目が向けられることはあまりない。優紀にとって、韓国における「在日」コミュニティも、日本におけるそれと同様、トランスジェンダーとしての自らの存在を許容しえない場として感じられたのだろう。

しかし優紀は、韓国でできた一部の友人たちに、トランスジェンダーであることをカミングアウトした。「韓国来るまで誰にも言わなかった」にもかかわらずカミングアウトしたのは、韓国で新たな生活圏を築きたいという思いが強かったからだろう。そして、友人たちがその告白を「ほんまに全部受け止めてくれ」たことで、「自分をちょっとずつ出せるようになって」きていた。

渡韓してから一年以上が過ぎた頃、友人たちに受け止めてもらえたことで「それまで耐えてきたのが」「我慢できな」くなって、両親にもカミングアウトすることになった。そのときの思いについて、優紀は次のように語った。

【U-4:「長女」としての役割】

U:一年目終わったとき、どうしても申し訳なくて。…親に。

*:親に。

U:…だって、自分が結婚してへんかったら、途切れるわけじゃないですか、そこで、家系が。それでもうすごい、葛藤みたいなのがあって。…でもやっぱりね、一回も口に出さんと、ずーっと自分のなかにしまいこんでたから、それはたぶん、親との関係はどうなるかわからんけど、親には知られずに済んだんじゃないかって今でも思うんですよね。切ってでも。

優紀がそれまでどうしても両親にカミングアウトできなかった理由は、「一人娘」である優紀が、「長女」として期待されていた「結婚して孫の顔を両親に見せる」という役割を果たせないことが、「どうしても申し訳な」かったからだ。そして、渡韓後にカミングアウトしたことが果たして正しかったのかを今でも疑ってしまうのは、かれが支配的な性/家族イデオロギーを一定程度内面化しており、そこから「逸脱」することに罪悪感を覚えるからだ。

優紀は韓国での生活について、「今が結構幸せなんですよ。できたらやり直したいですけどね」と語った。優紀は新たに構築した生活圏において「幸せ」を得ることができた。しかし、優紀が現在居住している韓国もまた、「男と女以外が存在することを疑いすらしない」社会であり、今の「幸せ」は、男性として認知されるようになってきたことによって得られたものである。したがって、かれにとってその生活圏は、あくまでも一時的な居場所にすぎないのかもしれない。

インタビューの時点で、留学後の身の振り方はまだ決めかねているようだった。「高校の友人は連絡取らないです。受け入れられないからとかじゃなくて、言うべきじゃないと思っている」という語りにもみられるように、元いた日本の生活圏で「やり直したい」という思いはあっても、トランスジェンダーとして在日朝鮮人社会に戻っていくことは、まだ想像がつかないという状況にあるようだった。

4　考察――「家父長制的民族主義」を超えて

林優紀の語りを振り返ってみると、トランスジェンダーであることを告白した後の語りをふまえ、再び冒頭からトランスクリプトを読み返してみることで、かれの言う在日朝鮮人社会の「狭さ」の本質をうかがい知ることができる。すなわち、学校を中心に形成されるコミュニティは、「子」を基点とするものであるがゆえに、従来的な家族イデオロギーが、そのままそのコミュニティにおける人びとの行動規範として採用されてしまうのである。

「家族」イデオロギーは第一に、「家族」というユニットが果たすべき社会規範を再生産させ、世代を超えて伝達させる。そこで最も重視される社会規範とは、家族は男女の性愛を中心とし、家族外において諸個人は自律した存在であること、である。すなわち、家族内において、子どもたちに、成人となれば自らも公式の家族を作りたいとする欲望――異性愛カップルを中心とする――がしっかりと伝達されなければならない。(岡野 2008:111)

岡野がいうように、家族イデオロギーのもとでは、ヘテロセクシズム(異性愛主義)と社会における個人の自律性とが結びつけて語られる。そして、父親や長男などといった、家庭内で与えられた役割を全うする自律的個人の結合体として、コミュニティが存在するのである。かれが今なお家族にカミングアウトしたことを気に病むのは、かれの家族までもが、家族イデオロギーから逸脱した「異常」なものとしてまなざされる可能性があるからではないだろうか。

また、優紀はそのコミュニティに、トランスジェンダーとして戻っていくべきではないと語った。かれがかつて属していたコミュニティは、一九二〇年代半ばから形成されはじめた在日朝鮮人共同体の歴史をみればわかるように、民族差別から身を守るための互助関係を基礎として生まれたものである。かれが韓国における「在日」との関係を「心強い」と感じたのと同様に、多くの在日朝鮮人がコミュニティに一定程度依存しながら生活を営んでいる。かれは、そうしたコミュニティの役割と意義を強く認識しているからこそ、トランスジェンダーとして元いた場所に戻るという選択をとることによって、コミュニティ内の安定的な人間関係を破壊してしまう可能性を恐れるのだろう。

優紀は、「今後在日朝鮮人はどうあるべきか」という質問に対して、「自分のことについてもっと知るべき。知ったうえでどう生きるかを判断すべき」であると答えた。在日朝鮮人は、より深い自己探求を通じて、「在日」であること以外の要素についても自己開示できるような言葉をもつべきだと、かれは主張しているのである。

斉藤純一は、価値の複数性を容認する開かれた共同性としての公共性は、「それぞれの生の共役不可能な位相に対応する」次元を有しており、「この次元での公共性は、人びとが自らのものとしえない〈世界〉の提示——言葉や行為における現われ——を見聞きし、享受する空間を意味する」と述べる（斉藤 2000:105）。在日朝鮮人コミュニティが家族イデオロギーから脱し、斉藤の言う「開かれた公共性」を獲得するためには、その構成員が、まずは自らの生の内的複数性に目を向け、それを語ることからはじめなければならない。そうすることでこそ、共役不可能な他者の語りを受け入れる土壌は生まれる。

5　おわりに

以上、林優紀の語りから、家父長制と民族主義とが、在日朝鮮人の日常生活において、相互に補強し合うような関係を結ぶことで存立しており、それがかれ個人の意思決定や行動選択に多大な影響を与えていることを明らかにした。

現在の在日朝鮮人社会において、家父長制をめぐる問題は、階級問題と同様に、民族問題について語るなかで「できれば同時に触れておくべきもの」として扱われる傾向は強まってきているように思う。しかし、「民族」の再構築を目指すには、在日朝鮮人社会が「家父長制的民族主義」によって支えられたものである以上、家父長制が内包する権力性の解消を喫緊の課題として設定することは避けられないということを、優紀の事例は示唆している。たとえば、その試みは、家父長たる在日朝鮮人が家父長制について語ることなどによって開始されるだろう。従来の民族を象徴する儀礼的行為としての祭祀のあり方、あるいはその存在そのものの可否をも含めて議論を行うことも重要である[*5]。同化の圧力に晒されるなかで、民族的文化を固守するために、重要な意義を与えられてきた祭祀の存在を問い直すことは、自分たちの居場所を自ら破壊することをも意味しうるため、そこには大きな不安が伴うはずだ。しかし、そうした不安を受け入れ、自分たちの居場所をあえて放棄することなしに、新たな「民族」の可能性を議論することはできない。

【註】

※1　なお、本書では、瀬地山にしたがって、家父長制を「性と世代に基づいて、権力が不均等に、そして役割が固定的に配分されるような規範と関係の総体」と定義する。「家父長制」の定義については さまざまに議論が存在するが、本章の趣旨とはずれるため、これについての詳しい考察は措く。本書が瀬地山の定義に従うのは、「家族形態の変化に伴って家父長制は姿を消しつつある」という見解を批判し、家父長制を「最大公約数としての分析概念」（瀬地山 1996:45）として定義しようとする姿勢に同意するからだ。

※2　警察が主導する形で、在日朝鮮人の監視や移動の管理、皇民化などを目的として結成された官制団体。一九三九年に全国すべての都道府県に結成された。

※3　郭は、シュッツとレヴィナスの他者論の考察を通じて、「私」にとっての世界のリアリティは「他者とのコミュニケーションを通じてもたらされる」（郭 2006:129）ものであるが、それは常に〈あなたたちの世界〉――「〈私〉とやりとりをしたことのある他者が、また別の他者（第二の他者）とやりとりをしている領域」（郭 2006:106）――によって脅かされているという点で、暫定的かつ偶然的なものであると主張する。「あなたたちの世界」に対して「私」は、「協同的な意味世界を作っていく」やりとりに参加することができず、ただそれを眺めることしかできないという意味で「到達不可能」なものであり、その意味で他者は常に「私」を「超越」している（郭 2006:106）。言い換えれば、「永遠で絶対の home」などは決して存在しえず、それゆえ生じる「不

安」は、「人間に課せられた条件」として存在するものなのである（郭 2006:145）。そして、「他者に不意打ちをかけ、世界を剥奪するという、差別や排除にしばしば見られる現象は、自らが不意打ちされ、世界を剥奪されるかもしれないという〈根源的社会不安〉に促され」（郭 2006:129）ることによって生じる。つまり、あらかじめ「よそ者」を産出することによって、「私」と「他者」の関係を、「他者にとって異他的である私」から「私にとって」という視点に変換し、さらにはそれを「誰にとっても」という「超越的な視点」にすり替えることによって世界の安定性を確保しようとする行為を、われわれは「差別」と呼んでいるのである（郭 2006:135）。

** 4　優紀は性別再割り当て手術（Sex Reassignment Surgery：SRS）を指向しているため、一般的にはトランスセクシュアルと表現されることが多いが、ここでは自称を尊重してトランスジェンダーと表記する。

** 5　「祭祀の供物の準備過程や儀式次第に女性を加えることで、ジェンダーフリーを図ろうとする試みもあるが、祭祀が男子血統の永続性を図る儀式である以上、両性の平等を実現する文化に組みかえられるかどうか疑問視する声もある」（宋 2005:266）以上、存在そのものの可否を問う議論は避けて通れないだろう。

第4章

「民族」の語りをめぐる対話の膠着と展開

――〈私〉による「ダブル」へのインタビューを事例として

前章まで、在日朝鮮人の民族経験と実践のあり方を詳細に記述することに努めてきたが、ここからは、「開かれた民族的共同性」の具体像を描くために、「民族」をめぐる在日朝鮮人の相互行為がいかなる性質の発話によって膠着・展開するのかを検討していく。本章では手始めに、在日朝鮮人と日本人の両親のあいだに生まれた「ダブル」へのインタビューを事例としてとりあげる。本章は、他の章とは異なり、「対話法」にもとづく方法論を採用している。すなわちここでは、インフォーマントの語りを、そのまま経験をあらわすものとして取り扱うのではなく、〈私〉とインフォーマントとの対話として分析する。この対話は、〈私〉が被害性に依拠した民族観に強くこだわるがゆえに膠着的な様相を呈しているが、同時に、インフォーマントの語りからは、それを突破しようとする、相互受容性と創造性に満ちた発話を発見することができる。

1　はじめに——違和感から出発する

本書の冒頭で述べたように、在日朝鮮人と日本人の間に生まれた「ダブル」との出会いは、〈私〉に研究の動機を与え、また、かれ／かのじょらのアイデンティティの内実を知ることは、〈私〉の研究テーマのひとつとなった。「正統」な在日朝鮮人として、自らが「在日朝鮮人」であることを疑いもせず、自らを取り巻く被差別状況を突破することだけをひたすらに志向してきた〈私〉は、かれ／かのじょらの言葉のあらゆる側面に違和感を持った。その違和感は、アプリオリに前提としてきたあらゆる「常識」を覆すという意味で、それまでの〈私〉の生の安定性を揺るがすものであり、内的対話を強いるものであった。その意味で、「ダブル」の言葉は、〈私〉にとって、きわめて対話的なものだったといえる。そこで、本章では、〈私〉が「ダブル」の語りに感じた数々の違和感を紐解くことで、その対話性の内実を明らかにしていきたいと思う。

「ダブル」は、社会的文脈からみれば、日本社会と在日朝鮮人社会の双方から排除・周縁化されている「二重の被抑圧者」とみなすことができる。つまり、在日朝鮮人社会においては、血統的な混淆性を理由に「不純なる者」としてまなざされ[※1]、日本社会においては、「異質なる者」として、差別や偏見に晒されるのである。そこで、本章では、二名のインフォーマントの「民族の語り」――日常的な日本人や在日朝鮮人との接触領域における、自らの在日朝鮮人性にまつわる経験の語り――から、かれ／かのじょらが、二重の抑圧状況とどのように対峙し、あるいは回避してきたのかを明らかにしていく。

ただし本章では、ここまでの論考とは異なり、自己省察的な視点から〈私〉を捉え直すことに、より重点を置いた記述を行う。本章で取り扱う事例は、〈私〉が二〇〇七年に行ったインタビューによるものであるが、それは、現在とは異なる民族観のもとでの調査設計にもとづいたものであった。しかし、〈私〉はその後、従来の民族観の前提を覆すような語りや論考との出会いを通して、当時の〈私〉を相対化するような視点を獲得するに至った。その視点から見たとき、当時のインタビューでのやりとりは、〈私〉が前提としていた民族観にもとづく発話が対話を膠着させてしまった事例として読むことができる。こうした考察も踏まえながら、当時とはまた異なる観点から再度事例を読み込んでいくことで、「ダブル」の語りの対話性に迫っていきたい。

2 〈私〉を記述するという方法

第1章の2-3で述べたように、インタビュー当時の〈私〉は、二重の抑圧状況に身を置くかれ／かのじょらの訴えに耳を傾けながらも、在日朝鮮人の被害者性の軽視を指摘することによって、「ダブル」を包摂したうえでの在日朝鮮人のアイデンティティ・ポリティクスは再構築されうると考えていた。しかしその試みは結局、「当事者」というカテゴリーに依拠したものであった。したがって、このインタビュー・データそのものにバイアスがかかっていると言わざるを得ず、そこからかれ／かのじょらの経験を素直に描写することはできない。

しかし、このインタビューにおける〈私〉とインフォーマントとのやり取りは、まさにそうした「当事者」カテゴリーを支える規範のあり方を知り、さらにはそれを打ち崩そうとする試みを観察するうえで、格好の材料であるともいえる。したがって本章に限っては、相互行為論的アプローチにもとづいて事例の考察を行うこととする。

具体的には、好井裕明・三浦耕吉郎らが提起した、「調査者である私の経験を記述する」という方法を採用する。この方法は、調査者が「現場から湧き起こってくるさまざまな拒否のちから、抵抗するちから」（好井・三浦 2004:x）を読み取り、「カテゴリー化するわたし」（好井・三浦 2004:11）に自覚的であることが、調査者が関心を置く社会問題の探究を深めるうえで重要なことであると主張するものである。なぜなら、「調査者は、〝調べている〟自分の姿を反芻し、〝調べている〟営み自体をつくりあげている多様な装置、要素、営みの位相などを詳細に反省し、営みの背後にある問題理解の図式や認識のありよう、方法論までも、相対化し、さらに深めていくことができる」（好井・三浦 2004:x）からである。また、この方法に従うとき、調査者は、被調査者の経験ではなく、あくまでも「私の経験」を記述することになる。そして、唯一「私の経験」を記述しているときにのみ、調査者は「カテゴリー化するわたし」でなくなることができるのである。

倉石一郎は、実際にこの方法を実践している研究者の一人であるといえるだろう。倉石は、インタビューの場においてインフォーマントの在日朝鮮人と向き合う自身の姿を詳細に描き出し、当時の自身の語りや姿勢、あるいは在日朝鮮人に対して抱いていた調査者としての認識を徹底して批判的に描き出すことによって、自身とインフォーマントのあいだで〈差別の日常〉が再演・反復されている様子を明らかにした（倉石 2007:24-60）。こうした記述は、〈私〉について描いたものであるからこそリアリティがあり、また、〈差別の日常〉の再演・反復に対する抵抗のちからを持ちうる。本章における〈私〉の記述は、こうした倉石による方法を踏襲したものである。では以下に、二名の「ダブル」の語りを紹介し、実際に上記のような方法に基づいてその語りが持つ対話性を明らかにしていきたい。

3 「ダブル」の語りの対話性──朴里奈の語りを事例として

3-1 生育環境

朴里奈（仮名）は三〇代の女性で、在日朝鮮人集住地区にある高齢者介護施設の職員をしている。日本国籍を保持しており、父親は韓国籍在日朝鮮人二世、母親は日本人である。※2 両親は、家族からほとんど反対されることなく結婚した。また、里奈が高校生の時に離婚している。父方の祖父母は、終戦直後に「日本人に良くしてもらった」という経験から、「日本人でも悪い人は悪いし、いい人はいい人やし、韓国人も一緒」という認識を有しており、それゆえ国際結婚にも反対しなかった。また、母方の祖父母は離婚していたため表立った反対はなかったという。国際結婚における障害はしばしば家族方針や教育戦略などに影響を与えるが、里奈の家族はそれとは無縁であった。

里奈は、幼少のころから「スッカラッ（スプーン）」、「ハラボジ・ハルモニ（祖父母）」などといった朝鮮語や、民族衣装である「チマチョゴリ」に日常的に触れられるような環境で育ち、幼少のころから「普通の日本人ではない」ことを認識していた。そのため里奈は、自らが在日朝鮮人の子孫であることを自然と自覚するに至った。また、日本人の母親はかのじょを在日朝鮮人として育てることに積極的であり、中学からは民族学校に通学させることにも同意している。さらには、小規模ではあるが在日朝鮮人が集住する地域で生活していたため、日常生活において在日朝鮮人としての葛藤を感じる場面はほとんどなかった。それゆえ、幼少期には「ダブル」としてではなく、あくまでも「在日朝鮮人」としてアイデンティティを形成していったという。

しかし、中学生のとき、民族学校の修学旅行での経験がきっかけとなって、かのじょは日本国籍であることに対して葛藤を抱くようになった。それ以前にも、幼いころから通う教会で多くの在日朝鮮人と接触するなかで、「自分は他の在日朝鮮人とは何かしら違う」という感覚は持っていた。しかし、自分だけパスポートが異なり、空港で日本人用のゲートに並んだという体験を通して、それまでぼんやりとしていた「違う」という感覚がはっきりとしたものになった。里奈にとって国籍が異なることを強く意識させられることは、自分が日本人ではなく在日朝鮮人の子孫であることをはっきりと認識した時よりも、「衝撃が大きい」ものであった。この経験を契機に、里奈はその後、「日本籍者」としての意識を強めていくことになる。

3-2　名前の変遷

その後も里奈をとりまく環境はめまぐるしく変化しており、環境の変化に合わせて自身の立場をさまざまな角度から理解していくことになる。里奈はそうした意識の変化を、名前の変遷になぞらえて語った。里奈は、小学校では父親の日本名である「竹本」、中学校では父親の民族名の「朴」、高校では再び「竹本」、大学では里奈と母親の戸籍名である「千葉」、就職後から現在に至るまでは再び

「朴」を使用してきた。[※3] 以下に紹介するのは、里奈が高校・大学のころに用いていた名前に関する語りである。

【R-1：高校から再び日本名を用いた理由】

（以下、Rは朴里奈、＊は筆者による発話）

R：高校に入って、また竹本を使うっていう判断を私がしたんです。親じゃなくて私がしたんですけど、それは（差別とか）そういうのがやっぱりあったんやと（思う）。小学校の時の地域の高校に行ってるから、小学校が一緒の友達が、要はほとんどなんですよね。受験の時もいっぱい小学校の時の友達見たし。なのに…みんなA中（民族系の中学校）に行ったこと知ってるのに、なーんでまた竹本にｈｈｈしたんかなーって、後でずーっと考えると、やっぱりいじめられるとか、ま、そういう、あのー、マイナスのイメージを、自分は直接受けてないけど受けた人の話とか、学校での話とかがあってー…ちょっと、ま、ちょっと恐怖心が、あったんかなーとは思うんです。別にあのー、妹は年子やから、次すぐ次の学年に入ったけどー、あの人、朴で行かはったんです、んで私は竹本のまま行ってて。とかね、なんかまぁ、別にそこで私が竹本にしたっていうのが、なんでやったんかなーって。ずっと考えるとやっぱ、そういうことかなーと思う。で、妹はずっと…あの、一応韓国人です、みたいなことを、高校のときもずっと、自己紹介でゆうくらいの人やったんでｈｈｈ、また私とは違って…違う、ずっと朴でいってはって、ねー。

【R－2：大学進学を機に母の姓を名乗るようになった理由】

R：大学はまた千葉で行ってみようと思って、また千葉で行ったりとかしてるんですけどｈｈｈ。

＊：それはやっぱりお母さんと？

R：そう、お母さんと生活してるしー、お父さんの竹本で行くのも、もう筋は通らへんなーって言うのがあったのでー、まあ行ってみてよかったなーってのは思ってますけどねーｈｈｈなんか変やなーと思って。

＊：大学に行かれる時は、朴にしようっていう思いは別になかったんですか？

R：…うん、朴はあんまなかったね、お父さんの苗字でしょう。っていうのもあったし、もう全然知らないとこに、全然地域の違う学校に行くっていうのもあったし。まぁ千葉使ってみようかなーっていうのもちょっとあったんｈｈｈ。まぁ二年って言ってもちょっとやしね、やってみようと思って。使ってみたんですけどね。

里奈が高校入学を機に再び日本名を使用するに至ったのは、間接的被差別体験※4に起因する恐怖心がゆえであった。間接的被差別体験は、日本名の使用などを通して在日朝鮮人であることを隠すようになる原因としてしばしば挙げられるものであり、ここでのかのじょの日本名使用も、民族差別によって劣等感を持ち、同化に向かうような現象として捉えるのが一般的な理解であろう。しかし、かのじょは自身の選択を、妹との対比のなかで描きだそうとした。同じ高校に通い、ほとんど同じ生活環境に身を置いていたにもかかわらず、妹は堂々と朝鮮名を名乗っていることを引き合いに出し、そのことを終始笑い混じりに語ったのは、自身の選択を、そうした一般的理解に回収させず、あくまでも個人の文脈で描き出すためであると考えられる。

また【R－2】において、大学進学時に民族名の朴を使用しなかった理由として、①離婚して別居している父の姓であること、②新たな生活環境において差別の可能性があること、③母の姓を一度使用してみたかったこと、という三つの理由を挙げていることからも分かるように、里奈の語りは、自身の選択やアイデンティティのあり方を、特定の文脈に回収させないような性質を帯びたものとして理解することができる。

その後里奈は就職時に再び「朴」を使用することを決意するが、その理由について以下のように言及している。

【R－3：民族名を用いた当初の理由】

R：あのね、あの、大学の二年生の夏休みに、私、B町（在日朝鮮人集住地区）で働きたいと思ってたんですよ、かかわってた結果で。で、それもやっぱり、千葉っていう苗字を使って学校に行きながら違和感があったし。この、こういう名前で名乗った時に、周りの人はなんの疑問もなく日本の人だと私を捉えるんだなーという、感じがすごくあったんです。私が地域で千葉と名乗るのとは全然違う、ことがわかったんですよね。んでそれもあって、あえて朴という苗字を使わな、使わなっていうよりは使いたい、そういう理由で働きたい、と思ってた。

【R－1】や【R－2】とは対称的な語りであるが、このような、いわゆる「本名宣言」と呼ばれる語りは、民族性の覚醒の物語として解釈されることが多い。日本名を使用していると、結局は周囲の人びとに在日朝鮮人に対する気付きを与えることができないとする主張は、民族名の積極使用を主張する理由として頻繁に語られるものである。しかし、最後に「思ってた」と語っているように、ここで語った理由はあくまでも過去のものである。里奈は、現在に至っては朝鮮名を使用することに、特に「こだわってはいない」。このような認識の変化の背景には、職場での日本人高齢者との出会いがあった。

【R－4：民族名を用いる現在の理由】

R：日本の人でも在日の職員でも、やっぱり人相手やから、古い年寄りは、本名で働いてる在日の人に対して、やっぱいいイメージ持ってはらへん人も多かったんです。でも、やっぱりちゃんと向き合って介護してもらってる中で、そうじゃなかったんやなーって間違いを認めはった人もいはったんですよね、日本人の人で。やっぱり、そこ（対面関係のなか）で人は変わるし、そこでしか人は変わらへんねんなーと私ほんまに思うことが、あったので、今はないです、こだわりみたいなものが。千葉っていう名前を使ったとしても、朴っていう苗字を使ったとしても、自分にあの、ウソつかずに生きていけるかなーと思うんですけど…でもそれ、前はね、朴っていう苗字を使わないと、千葉っていう苗字を使えば逃げてしまう感覚とか、すごくあった、で朴を使うという選択をしたんですけど、今はちょっとそういうのとは変わったかなーと、仕事を通して。

里奈は、在日朝鮮人相手の仕事を希望し、B町にある福祉施設に就職したが、実際の施設利用者は日本人が大多数であった。日本人高齢者のあいだでは、在日朝鮮人に対する偏見が非常に強く、里奈自身もそれを実感する経験を何度かしたという。しかし、かれ／かのじょらと正面から向き合い接することによって、偏見を取り除くことができた。他にも、大学の指導教官が「我々日本の」「日本人は」と連呼することに対し、「生徒が全員日本人とは限らない、そういう生徒がいることを知ったうえで授業をしてもらいたい」と手紙を書いたところ、「私が未熟だった、至らなかったし気付かなかったから、言ってくれてよかった」と返事が届いたことから、相手に対して「違和感を口にして伝えていく」ことの重要性を認識したと語った。それらの経験を経て、朝鮮名を使用する行為自体はしょせんは表面的なものに過ぎず、結局は対話によってでしか理解を求めることはできないことに気付いたのである。

3-3 「在日朝鮮人」カテゴリーを揺るがす対話性

また、現在の名前に「こだわらない」姿勢は、在日朝鮮人運動団体で感じた違和感によっても強く規定されていた。

【R－5：「運動」における日本籍者の周縁化】

R：C教会（B町にある在日朝鮮人を主な対象とした教会）の、その青年会の中で、やっぱり在日ってところで連帯してた時代から、私たちが入ってからかな？　日本の名前で、ダブルで、ずっと教会に通ってて、で、その青年会にも来た人とか、まぁ私とか、来てて。で、ざーっと増えてきたんですよね。で、活動している中で、ひっかかることがあって。やっぱ引っかかることがあって。日本の人も来てたし、選挙権を、選挙の日に、教会で、先輩たちが、みんな選挙権ないのに、「みんな選挙いってきたかー」って、冗談で。で、選挙権ある日本の人がいて、なんにも言えへんくて、すごく肩身がせまくって、申し訳ない気持ちにさせてたこととか、後で聞いて。で、私もそれ聞いて気分悪かったんですよね。私も日本籍やし。で、そこの人と話してたら、「やっぱ気分悪かったわー」っていう話をするけど、その場ではできなかったんですよね。（略）やっぱり、そこにはこう、加害者被害者みたいな感覚がやっぱりお互いあったと思うんですけど。で、ダブルっていうのは言わないとわからないっていうので。見えない存在やったし、その青年会の中でも。で、やっぱりそこでずっと違和感があったんですよ。

【R－6：「運動」という形態そのものに対する違和感】

R：もっと自分たちがやってたようにやったほうがいいと、というかまぁ、運動をすべきやということは言われ続けてたんですよｈｈｈ。社会を変えるための運動をしたほうがいいと。（略）でも、運動って、対するものがあってこその運動で、対するものがもし運動の結果無くなったら、また違う何か対するものを持ってこないと、運動って、できないじゃないですか、課題とかがないと。でもなんかそれって…喧嘩相手を探すじゃないけどｈｈｈ。なんかとても矛盾があるような気がして。なんかそういう運動ってもうしたくないよね、みたいな。（略）運動っていうのはもうしんどいなーっていうのがｈｈｈ正直なところやったんかもしれない。

里奈はこのように、従来の在日朝鮮人運動に対する疑問を、里奈が所属していたC教会の青年会と「パラムの会」（のちに詳述）での経験に即して語った。その疑問とは、ひとつは、朝鮮・韓国籍で、民族名を使用している者のみを「在日朝鮮人」とみなし、それ以外の者を意識的／無意識的に排除するような風潮に対する疑問であり、もうひとつは、運動は差別に対する異議申し立てとしておこなわれるはずだが、その差別が解消されたときに、運動を維持するために新たな差別を探しだそうとする傾向に対する疑問である。

【R－5】の語りから見て取れるように、里奈の語りは主として、在日朝鮮人カテゴリーに対する批判を中心として展開されているように思われる。それは、筆者が里奈とのインタビューを行うにあたり、事前に自身が在日朝鮮人運動団体に以前所属していたことや、『『ダブル』の問題も、根底には植民地主義の問題があると思う」という認識を表明していたからだろう。そうした認識のもとでは、朝鮮名を使用していることに特にこだわりをもっていないとする語りは当然理解困難なものになる。また、在日朝鮮人研究においても、「ダブル」のアイデンティティのあり様は、「多民族社会としての日本社会志向」や「国際社会志向」といった、いわば「幻想や理想を追い求める者」としてカテゴライズされてきた（山脇 2000）。しかし、かのじょの語りがそうした一面的な解釈と対話関係に入るための発話であると捉えれば、まさにこの発話自体が「民族的現実」に対応するための実践の一環であると理解することができる。

4 「ダブル」の歴史性をめぐる対話

里奈によって語られた「民族の語り」は、「在日朝鮮人」カテゴリーに依拠した語りと対話関係に突入するような、対話性に富んだものであった。実は、こうした語りは、一九九五年に「ダブル」を中心として結成された「パラムの会」における他の「ダブル」との出会いに強い影響を受けている。そこで本節では、まず、里奈の語りとの比較対象として、里奈とともに「パラムの会」の立ち上げにかかわった安田直人[※5]の語りを紹介する。そして、両者の語りを、加害・被害性を教条的に捉える「民族」観のもとで想像された「ダブル」像——「ダブル」は常に加害と被害のはざまで葛藤しており、被害性に依拠して「在日朝鮮人」カテゴリーに参入しようとする者は葛藤と向き合った者であり、また、「日本人」としてふるまったり、従来の在日朝鮮人社会における被害性への過度な依拠に対して異論を述べる者は葛藤を回避しようとする者であるとするようなイメージ——に対して、対話的にそれを打ち崩そうとする実践として捉え直していくことで、両者の語りの内実をさらに明らかにしていきたい。

4-1　安田直人の語り——「人は一貫して加害者であり被害者でもある」

安田直人[※6]は四〇代男性で、日本国籍を有している。直人の両親は一九六〇年代に結婚した。父親は日本籍在日朝鮮人二世、母親は日本人である。父親は日本キリスト教会の牧師であったが、直人もまた、大学の神学部を卒業後、教会の牧師を務めている。直人の父親は牧師になるにあたって、教会側から「帰化」することを求められ、結婚前にはすでに日本国籍を取得していた。父親は、自らが在日朝鮮人であることを、婚姻が成立するまで妻には明かしていなかった。ところが、結婚後に新たに戸籍を編成する際に、父方の祖母の朝鮮名が記されていたことで[※7]在日朝鮮人であることが発覚した。妻に在日朝鮮人であることを告げなかったのは、日本国籍を取得した以上、日本人として振舞うべきだと考えたためであった。それに対して母親は、安保闘争への参加や労働組合での活動を通して、反差別というテーマに強い関心をもっていた。それゆえ、直人には「将来結婚したり就職するときに差別を受けたときに、それと闘う力をつけて欲しい」と願っていたという。

このような夫婦間での在日朝鮮人性に対する意識の違いに起因する、子どもの育成方針をめぐるいざこざが絶えることはなく、両親は直人がまだ幼いころに離婚した。直人はその後、「民族教育」[**8]に熱心な母親によって育てられたため、幼いころから父親が在日朝鮮人であるということを聞かされて育ち、直人自身も在日朝鮮人であるということを自然と自覚するようになったという。

では次に、直人の民族経験に関する語りを概観する。直人は小学生のころ、離婚により父親がいないこと、生活が苦しかったことなどを理由にいじめに遭い、「毎日死にたい思いをしていた」。その後、中学生になり、クラスに友人ができるようになってからは、いじめを受けることはなくなったが、高校入学後、逆に「いじめを傍観する」立場になってしまったことが、自らのポジショナリティについて考える大きなきっかけになった。

【Y-1:差別と被差別のはざまで】

(以下、Yは安田直人による発話もしくは記述)

Y:高校時代に、重要な出会いがあった。私のクラスにひとり在日朝鮮人がいたんです。森岡君という子でしたけれども、かれが朴君という本名を持つ、民族名を持つ在日朝鮮人だということがわかった。かれが原付の免許を取ってそこに民族名が載っていた。そこでかれに対するいじめが始まったんです。成績の悪い、クラスを横断して二〇人くらいのグループがあって、私もそこのメンバーで、森岡君もそのメンバーでした。いつもはいっしょに遊びまわってる。パチンコ屋行ったり、麻雀屋に行ったりするわけです。僕も麻雀好きで、かれも好きでしたが、ところが、かれが弱かった。すぐ鳴くんですね。ポンとかチーとかカンとか。緊張した場面で何回も鳴かれるとみんな嫌になりますけれども。それで、とにかくカンばっかりするんで、かれがカンすると、そこでいじめが始まる。「韓国人がカンした。」それが一言始まったら、「こいつは韓国人だから」という話がダーっと出てくるんです。そこで、私がどういうふうにその場にいるか。ドキドキしてるんです。心の中で、「自分も朝鮮人の血が半分流れているんだ」と、「だからそんなふうにいじめちゃいけないいんだ」と言いたい。それなのにもう一方の心の中に、「もしそれを言ったら、自分もいじめられる」。（中略）この体験は、僕にとって、いじめや差別を考える上で基本的なことです。これが僕の差別を考える時の基盤です。[※9]

直人はここで、在日朝鮮人である友人が差別的な言葉を浴びせかけられるのを目の当たりにして自身の朝鮮人性も虐げられている感覚を持つと同時に、直接的に差別されることを恐れ、それを傍観することによって自分も差別者になってしまうという経験について語っている。つまり、差別・被差別関係はけっして生来的に固定されたものではなく、あくまで関係的なものであり、自らのふるまいひとつでその関係性は変化しうるということを、かれは身をもって知ったのである。

直人はその後、大学生のころに、朝鮮問題を扱う学生団体の活動に没頭していくことになるが、そこでも、「差別・被差別」の二項対立的な捉え方に強い違和感を覚えるような体験をすることになる。

【Y－2：「差別をする側としない側で人間を割ることはできない」】

Y：不思議なことに、運動のなかで私が朝鮮人の血を引いているということが言えるようになったのは、およそ三年後です。私自身はその時のことを振り返って、自分自身のなかにも弱さが決定的にあったと思いますけれども、運動ということのなかにそういう人間を許容していく、あるいは人間が心を開いて話をする状況を作りだす余地がほとんどなかったというふうにも思っています。ようやくその三年間を経て、自分が先輩のところに行って、「今までこういう活動をしてきたのは、自分が帰化をした朝鮮人を父親に持つ存在で、自分のなかにある朝鮮人っていう問題を考えたかったからだ、自分のアイデンティティという問題を考えたかったからだ」と言うと、その先輩は「うーん、そうだったのか」。抑圧者としての日本人と被抑圧者としての在日朝鮮人。「どっちだろうか」。結局、ここで私自身は、差別するかしないかというふうに、差別をする側としない側で人間を割る、人間を切っていくあり方に関しては、ここで非常に大きな疑問を抱くようになりました。学生運動の世界からは逃げることになりましたが[※10]。

この学生運動団体は、「抑圧か被抑圧か」という二項対立的発想のもとで朝鮮問題を取り扱っており、それゆえ直人にとっては、「ダブル」の語りを許容し、それをもとに対話的空間が生まれる余地のない場であるように感じられた。実際、「ダブル」であることを告白しても、メンバーからはそっけない反応が返ってくるだけであった。この大学時代の経験を経て、直人は、差別者と被差別者というカテゴリーで区切ること自体が、不毛な議論であるという結論に至った。つまり、「人は一貫して加害者であり被害者でもある」と認識するようになったのである。

4-2　「加害・被害」をめぐる朴里奈の語り

直人は、〈私〉による「加害と被害についてどのように捉えているのか」という問いに対して、「人は一貫して加害者であり被害者である」という「答え」を導き出した。実は、この「答え」は、里奈のそれとは極めて対照的なものであった。まずは以下に、里奈の「答え」を引用する。

【R-7：加害者でも被害者でもない】

R：被害者でも加害者でもないというふうに思わんとあかんのちゃうかなー。そんなん思ってたら、横にいる日本人もむかつく、横にいる朝鮮人もむかつくーとか、なってくるじゃないですか。そりゃしんどいねえ。（略）私が自分のハルモニに聞いた話は、戦後とか日本に来てて、まぁ生活する中で、やっぱり、ちょっと商売がうまく行ってたときは、みんなに、周りの日本人みんなと助け合うし、逆に苦しいときは助けてもらうし、そこには別に韓国人も朝鮮人も日本人も差はなかったたって。いい人もいれば悪い人もいるし、朝鮮人にめっちゃだまされてお金取られたこともあるし、日本人にすごく助けられたこともあるし。（略）日本が差別したとか、植民地支配した人ってのは、自分の隣の人が決めはったことでもなんでもないじゃないですか。「この人は助けてくれはる」と。「植民地支配したのはあの隣のおっさんじゃないんやぞ」とhhh。「あの人は助けてくれはる人やねんぞ」と。そういう所にきちんと目を向けないと、大きい歴史に小さな歴史が飲み込まれていってしまうっていうか。

里奈は、【R－4】で語られたような、日本人との対面関係において個人を語ることによって信頼関係を築くことができた経験を経て、歴史的加害性によってのみ定義づけられる「日本人」カテゴリーを前提とすることが、「大きい歴史に小さな歴史が飲み込まれていってしまう」こと、すなわち対話可能性を摘み取る行為であると主張し、そのうえで、人は「被害者でも加害者でもない」という認識を示している。

〈私〉は当初、在日朝鮮人の被害性を無化しかねない発話であるという理由で、この語りに対して強い反発を覚えた。そして、かのじょは「ダブル」として、加害性と被害性のはざまで葛藤するがゆえに、在日朝鮮人と日本人の歴史的関係性を軽視し、個の尊重を主張する傾向にあると分析した。しかし、実際のところかのじょにとって重要なのは、日常生活において周囲の人びとと、偏見を乗り越えた信頼関係を構築することであった。

【R－8：日常実践への志向性】

R：よく似た人たちで集まって、ま、共感とか共有ってすごく大事なことやけど、そこで終わってたらほんまになんの意味もなくて、そこで力を得たり、回復したものをもってやっぱり違う所にいかないと、社会って変わらないし、人も変わらないと思うんよね。

この語りにもみられるように、里奈が日常における個人間の関係性を重視するのは、「加害・被害」のはざまでの葛藤を回避するためではなく、あくまでも「社会」と「人」を変えるために有効であると考えるからだ。そして、かのじょにとって、「よく似た人たちで集ま」ることは、日常の生活世界における「闘争」に身を置く個人が、相互補完的に「力」を与え合うような場として捉えられているのである。

4-3　語りに潜む対話性

〈私〉は、直人による「加害・被害」に関する語りも、被害性を無化する恐れのあるものとして捉えていた。ただし、〈私〉は当初、直人の語りを、里奈と比べて在日朝鮮人の被抑圧をより強く意識したものであると評価していた。その根拠となったのは、以下に引用する語りである。

【Y-5：「罪責」について】

Y：ただ、罪責の問題になると、ちょっと話がややこしくなってきて…そのー、まぁ、「加害・被害」の問題でもいいんだけど、罪責の問題になると話がややこしくなって。僕は、神学校を卒業するときに論文を書いたんですけども、そのー、卒業論文のテーマに取り上げたのが、私が属している教会が日本キリスト改革派教会って言うんですけども、日本キリスト改革派教会の前身になっていた教会があって、日本キリスト教会なんですね。そのー、日本キリスト教会が、昭和一四年のことなんですけども、在日朝鮮人教会を併合するんです。まあ日韓併合と同じで、丸々吸収しちゃうんですよ。で、日本語で喋ることを強要して、お祈りも日本語だし、という形で。で、その問題を取り上げて、僕が示したかったのは、その日本の教会が戦時中何をしたのかということを、少しでも明らかにしたかったということで。で、その責任を今の教会も引き継いでいるということを示したかったわけなんですけどね。で、そういう意味で、僕が属している様々な団体が、えー、その植民地朝鮮に対して加害責任を負っているという問題は認めざるをえないですよね。で、一方で、これも複雑な問題なんですけど、一方でね、その僕の祖母は、非常に熱心なクリスチャンで、その当時の日本、あ、その当時の在日朝鮮人教会に属していたんです。つまり僕の、血の中には、両方があるわけですよ。だからその加害者としての責任は負わなければならないと思うけども、しかし一方で吸収された、併合された側のおばあちゃんの血も、僕の中には流れていてｈｈｈ。それは、ま、うまく表現しえないですね。「加害・被害」が重なっているというケースだろうと思うんですよね。

〈私〉はかつて、この語りを以下のように解釈した。これは、【Y－1】で語られたような加害性と被害性が同時にあらわれるような経験を、より歴史的な文脈に引き寄せた語りである。こうした考え方が可能であったのは、直人が、直接的な「抑圧・被抑圧」経験に満ちた「大きな歴史」を現実問題として体感できるような生育環境に置かれていたためである。その意味では、これは、「加害・被害」をめぐるアイデンティティ・クライシスを乗り越えるためのひとつの「戦略」であるといえるだろう。

しかし、このような解釈は、かれの存在を「ダブル」というカテゴリーに押し込め、他者化しようとするものである。本来この語りは、「教会の牧師」や「クリスチャンだった朝鮮人の祖母の孫」という立場によって、「加害・被害」をめぐる自らの立ち位置は異なり、それは個人のなかで「複雑に積み重なっている」ということを強調したものとして理解すべきものである。

「ダブル」こそが加害と被害を併せ持つ存在であるという幻想は、血統主義的な加害被害関係を継続させたいという欲望のあらわれに過ぎない。かつての〈私〉は、そうした欲望に駆られることで、かれの語りの何を見逃したのか。それは、「罪責」という言葉の内実である。下線部の語りからも読み取れるように、かれは、加害・被害の二元論と罪責論とをはっきりと区別して捉えている。「罪責」という考え方にもとづくと、たとえば日本の戦争責任の問題は、聖書の原罪論[※11]にしたがって、自分自身が犯した罪のみならず、たとえば上の世代が戦争において犯した直接的な加害行為に対する負い目は引き継がれ、あるいは日本社会に「罪意識を植えつける働きをして来なかった責任」が、個人の罪責として問われることになる（渡辺 1997:276–278）。つまり、かれは、祖母が「朝鮮人のクリスチャン」として負った被害をも、「罪責」として継承し、自己に問わなければならないのである。直人はインタビュー中、「問題を日朝関係に限ってしまうと、事柄が非常に単純化されてしまって、（問題解決が）難しいんだと思う」と語ったが、それは単に個人のポジショナリティの複層性を強調しているわけではなく、多様な側面から自分自身の罪責性を問う必要性を語ったものとして捉えるべきだということが、この視点に立つことで見えてくる。

5　おわりに

〈私〉が「ダブル」に着目するようになったのは、〈私〉がかつて無批判に依拠し続けてきた「在日朝鮮人」というカテゴリーが、じつは「純血性」という虚構によって存立しているという事実を突きつける存在であったからだ。私にとって「ダブル」と向き合うことは、〈私〉自身の暴力性を自覚し、〈私〉によるカテゴリー化の権力行使に歯止めをかけるためのひとつの実践であった。

序論で述べたように、一九九〇年代後半以降、日本籍者や「ダブル」などの在日朝鮮人社会の周縁に追いやられた存在に着目するような研究は流行の兆しをみせたが、それらの研究に対する反発もまた、当時の私の問題意識の形成に大きな影響を及ぼした。「ダブル」の抑圧状況を告発しながらも、本質主義批判に傾倒するあまり、「ダブル」という存在を在日朝鮮人社会の変容の象徴としてのみ取り扱ってしまうような研究[※12]において、「ダブル」の語りや「民族実践」のあり方そのものを議論の俎上にのせることなく、「ハイブリッドな存在」として一方的にカテゴライズし、賞揚するような傾向は存在する。〈私〉は、こうした脱構築論に潜む「ダブル」へのカテゴリー化のまなざしに対する気付きを与えてくれるものとして、インフォーマントの語りを分析し、その対話性を発見していくことになった。

しかし、かく言う〈私〉も、「カテゴリー化の罠」(好井・三浦 2004)から抜け出せずにいることに無自覚であった。〈私〉は、調査を計画する段階から、研究の大きなテーマとして、加害性と被害性に着目していた。「ダブル」が日本の植民地主義の歴史を直視するとき、加害性と被害性のはざまで何かしらの葛藤を覚えるはずであると想定し、インタビューの調査計画を立案した。こうした考えは、在日朝鮮人が植民地主義の克服を目指すうえで、異種混淆化に伴う加害性と被害性の重層化が、今後、大きな課題としてのしかかってくるはずであるという前提にもとづいていた。

こうした加害性と被害性への行き過ぎた焦点化の背景には、「ダブル」を調査対象としている以上はその異種混淆性の中身を明らかにしなければならないという問題意識に加え、「在日朝鮮人」カテゴリーの権力性を問いながらも、やはりその歴史的被害性を無化するわけにはいかないという焦りと切迫感があった。それらに拘束されることで、かれ/かのじょらの「民族の語り」が〈私〉の民族観への抵抗あるいは反発として投げかけられたものであり、〈私〉がかれ/かのじょらの語りに覚えた「違和感」はまさにその対話性によって惹起されたものであるということを、〈私〉は見逃してしまっていたのである。インフォーマントによる加害と被害にまつわる語りを、〈私〉による「ダブル」のカテゴリー化をめぐるやり取りとして解読していく。そうすることではじめて、インフォーマントの語りから対話性を抽出することが可能になる。さらに言えば、そのような〈私〉による記述は、私たちの日常に潜むカテゴリー化の可能性を暴き出す「抵抗」の言説としての役割を帯びうるのである。

かれ／かのじょらによるカテゴリーを揺るがす語りは、意識的・戦略的なものではなく、日常のあらゆる場面においてカテゴリーに依拠することが許されず、自らの「居場所」を自らの力で確立するために「闘争」するなかで見出されたものであった。また、【R‐8】においても語られていたように、里奈と直人が語り合うなかで「ダブル」としての経験を共有したのは、決して「ダブル」というカテゴリーを作り出し、そこにとどまりながら共闘することを目的としたものではなく、自らが日常を生き抜くための「力を得るため」あるいは「回復するため」のものだった。そうした語りが行き交うとき、そこには日常に根ざした、自発的な欲求とそれに対する応答によって結びついた共同性が生まれることだろう。

また、直人の語りからは、歴史を加害と被害とに分けて捉えるのではなく、自身の罪責として捉える様子を見て取ることができた。これはまさに、序論で論じた「過去の苦痛と死に対して自分が何もすることができないという絶望」（郭 2006:226）を悲しむことに他ならない。かれは、加害と被害の論理に身を引き裂かれるような経験を経て、そうした観念にたどり着いた。かれは、そのような立場をとることではじめて、歴史の主体たりえるのである。

【註】

※1　在日朝鮮人社会において「ダブル」が排除されるのは、第3章の冒頭にも述べたように血統主義的傾向が強いことや、民族教育の場などにおいて、朝鮮人としてのアイデンティティ確立が目指されるなかで、日本人性が払拭されるべきものとして取り扱われてきたことが、大きく影響しているものと思われる。

※2　里奈の妹は韓国籍を保持している。里奈が出生したのが、一九八五年の日本国国籍法改正前であったため、本来ならば父系血統主義に基づき、父親の韓国籍が里奈に付与されるはずであるが、両親の婚姻届と里奈の出生届を同時に提出したところ、先に出生届が受理されてしまったため、里奈には自動的に母親の日本籍が付与された。

※3　民族名、日本名、父親の戸籍名ともに、すべて仮名である。なお、里奈は両親の離婚後に母親の戸籍に入籍しているため、「本名」は千葉、通称名が「朴」ということになる。

※4　身近な人が受けた差別を見聞きしたり、差別の典型的な事例を知ることで、現実に差別が存在していることを認識するような体験。

※5　本書では、原則的にインフォーマントの姓名を仮名としているが、安田直人に関しては、インタビューに加えて、「パラムの会」メンバーとして、本名で書かれ公開されているいくつかの文書も引用しているため、例外的に本名で記す。

※6　以下、安田直人の引用については許可を得ているが、これはあくまでもかれの当時の見解で

あることをお断りしておく。

※7　父親の朝鮮名は、すでに日本国籍を取得していたため削除されていたが、母親は日本国籍取得以前に死亡しているため、朝鮮名がそのまま戸籍に記載されている。

※8　直人が実際に、「パラムの会」機関紙　第二号（二〇〇〇年一月発刊）掲載の手記において、母親の教育方針は「民族教育」的であったと語っている。

※9　「パラムの会」機関紙　第二号（二〇〇〇年一月発刊）掲載の手記より引用。

※10　「パラムの会」機関紙　第二号（二〇〇〇年一月発刊）掲載の手記より引用。

※11　原罪とは、旧約聖書の創世記においてアダムとイブが神の言葉に従わずに犯した罪を指し、その子孫たる人間は常に罪を犯す存在であるとする考え方を原罪論という。

※12　序章1-2、2-1を参照のこと。

第5章

対話の生起条件――「名前」をめぐる論争を手がかりに

前章では、「在日朝鮮人」カテゴリーに居場所を置き、その立場から「ダブル」に対してカテゴリー化のまなざしを向けてきた〈私〉が、カテゴリーに依拠してかれ／かのじょらの語りを解釈することによっていかに「ダブル」との対話を膠着させてきたのかに着目し、その分析を通して、〈私〉が見逃してきた「ダブル」の語りの対話性を明らかにした。つづく本章では、そのような「わたしとあなた」の相互行為の考察を通して得られた知見をさらに発展させるべく、在日朝鮮人の「名前」のあり方をめぐる論争を事例とし、その対話性を検討することで、「対話の生起条件」に関する議論の精緻化を試みる。

1　はじめに

祖国統一や在日朝鮮人の権利擁護などを課題としてきた従来の在日朝鮮人運動は近年その求心力を急激に弱めている。その背景には、在日朝鮮人のアイデンティティの多様化がある。従来の在日朝鮮人運動の現場では、強力な反差別運動・戦後補償運動を展開していくために、韓国・朝鮮籍の維持や「純血」であることなどの「正統性」が事実上の成員条件とされており、それに当てはまらない者は周縁化される傾向にあった。

このような状況のもとで、多様性・異種混淆性に焦点を当てた運動が各地で起こりはじめているが、それらの運動にはセルフヘルプを目的としたものが多い。たとえば「在日コリアン青年連合（ＫＥＹ）」

は、「在日コリアンを取り巻く社会問題をディスカッションして、自分の行き方に問いかけ」ることを目的とし、またそうした活動を通して「友人をつくる癒しの場」であるという（野口・戴・島 2009:142）。また、六〇年以上に渡る長い活動の歴史を持つ「在日韓国学生同盟（韓学同）」は、一九九〇年代に従来の政治行動重視の方針を見直し、「自己に向き合う」ことや在日が「集まる」ことを運動方針として設定するようになった（孫片田 2010:22-23）。これらの団体は、集団内部における均質性を強調し、強力な政治行動を推し進めていくという運動から周縁化された者や、それに強い反発を持つ人々を積極的に包摂する。かれ／かのじょらが、アイデンティティの問題を中心課題とし、多様性を容認する集合体を目指した結果として、それらの団体は、セルフヘルプを目的とするに至ったものと思われる。

したがって、こうした民族団体にとっての目下の課題のひとつは、従来の在日朝鮮人運動が提供する「カテゴリー」に捉われ「多様な自己」を語ることができない人びとをそこから解放するという点にある。そのために、そうした団体のメンバーはたびたび、従来の在日朝鮮人運動とかかわる人びととのあいだで意見が食い違う場面に遭遇し、在日朝鮮人問題に取り組む際に持つべき視点や方法について、意見を闘わせる。しかし、やはりそうした場面においても、前章で紹介した〈私〉によるインタビューと同様、議論が膠着状態に陥る状況は往々にしてみられる。本章では、こうした議論の膠着のあり様を批判的に検討することで、異なる立場にある者どうしの有機的な対話はいかにして成立しうるのかを明らかにしていく。

なお、事例として取り上げるのは、「パラムの会」の機関紙上で、安田直人と、在日朝鮮人教育に携わる日本人教師である山根俊彦とのあいだで行われた論争である。この事例を、ロシア（ソ連）の思想家であり文芸学者であるM・バフチン（M. Бахтин）の対話原理にもとづいて考察することで、両者のあいだでの対話がいかにして成立している／いないのかを明らかにしていく。

2　対話の生起条件――バフチンの対話原理

2-1　ポリフォニー論における対話的な他者との関係

バフチンの対話原理としては、かれのすべての研究の根底にある「対話」に関する思想と、それをドストエフスキー研究に応用した際に示された「ポリフォニー」論の二つが、学問分野を問わず広く知られている。

バフチンは、「既存のヨーロッパ的な形式」の小説と比較して、ドストエフスキーの作品は「ポリフォニー的な世界観を構築」しているという意味で、「根本的に独自なもの」であると評価する（Бахтин 1972[1929]＝1995:17–18）。ドストエフスキー作品においては、「それぞれの世界を持った複数の対等な意識が、各自の独立性を保ったまま、なんらかの事件というまとまりの中に織り込まれていく」（Бахтин 1972[1929]＝1995:15）。それは決して小説内の登場人物間の関係のみにとどまるものではない。登場人物は、自らを創造した作者とも対等な関係を結び、作者の「言うことを聞かないどころか、かれに反旗を翻す能力を持つ」（Бахтин 1972[1929]＝1995:15）、一人の主体として存在している。バフチンは、ドストエフスキー作品における作者と主人公の関係性について、以下のように述べる。

作者にとっての主人公とは《彼》でも《我》でもなく、一人の自立した《汝》つまり（《汝あり》という言葉で語られる）もう一人の完全な権利を持つ他者の《汝》なのである。（Бахтин 1972[1929]＝1995:129–130）

カテゴリー化は、ここで言う《我》を《汝》と同一視したり、《我》の一部を《汝》に投影したりする行為を出発点とする。こうした行為のもとで、《我》は自己中心的な世界観を育み、そうした世界観を共有する人びととの間に閉じられた共同性を構築する。そして、そこから逸脱する他者を、差別したり周縁化したりする。こうした《我》と《汝》の関係は、バフチンがモノローグ的であるとする小説における作者と主人公の関係と共通している。それに対し、ポリフォニー的な関係性のもとでは、主人公は作者に対して「未完結」的であり、「未決定」的である。つまり、たとえ作者によって創り出されたものであろうと、主人公は作者の知らない側面を持ち、作者のあずかり知らない第三者との人間関係を有し、作者の知らない世界を生きているのである。[※1]

しかし、だからといって、ポリフォニー小説においては作者の意識がまったく反映されていないというわけではない。作者は主人公の声に対して沈黙するのではなく、問いかけ、挑発し、応え、合意し、反対する。つまり、他者の独自性を承認しつつ、その言葉に対して極めて能動的にふるまうという、緊張を強いられる困難な位置を取ることによってはじめて、ポリフォニー的世界観の構築が可能になるのである。

このポリフォニー論はあくまでも小説に限定された議論ではあるが、バフチン自身によって、人の生が「ポリフォニー的な本性」(Бахтин 1972[1929]=1995:141)を有していると述べられていることから、それは現実における人びととの対話にまで及びうる議論として提起されたものであると考えられる。

2-2 「権威的な言葉/内的説得力のある言葉」

本書は、「民族の語り」が持つ対話性を、他者によって規定されたカテゴリーには収まりきらないような、あるいはカテゴリー化のまなざしをあえてずらすような語りに見出すという方法を採ってきた。しかし本章では、〈私〉が介在しない他者どうしの言葉のやりとりを取り扱うため、その対話性を客観的に検討するための方法論を用いる必要がある。そこで本章では、バフチンの「対話」論の中核を成す「権威的な言葉/内的説得力のある言葉」という概念を援用していきたい。

バフチンは、他者の言葉を理解し、自分の言葉として発する際の態度のあり方が、対話性の有無にかかわると説明する。[※2] 前章で考察したように、〈私〉と「ダブル」のインフォーマントとの対話が膠着状態に陥ったのは、「『ダブル』は境界横断的な存在であるがゆえの葛藤を抱えている」という、「本人不在」の他者理解に基づいていたことに端を発するものであった。そうではなく、「内なる言葉を『外言』化できるようにアドバイスする」(桑野 2009:190) ような発話が行き交うことでこそ、《我》と《汝》の内的対話は阻害されることなく、また両者間の対話関係は維持され、発展するのである。バフチンはこうした考え方を、「内的説得力のある言葉」と「権威的な言葉」という概念を用いて詳しく説明している。

バフチンは「権威的な言葉」の具体例として、「宗教、政治、道徳上の言葉、父親や大人や教師の言葉」を挙げ、これらはわれわれに「承認と受容」のみを要求するものであるとしている (Бахтин 1972[1929] = 1995:160)。こうした言葉は、「既に過去において承認され」、「あらかじめ見いだされている言葉」であり、「その意味の構造は死せるもののごとく不動である」(Бахтин 1934 = 1996:160–161)。それゆえ、「それに対する態度は、無条件の是認か、無条件の拒否のどちらかでなければならない」(Бахтин 1934 = 1996:162)。「ダブル」のインフォーマントとのインタビューにおいて〈私〉が、在日朝鮮人の歴史的被害性を問答無用の前提として発した言葉は、この「権威的な言葉」に当たる。〈私〉の発話が、こうした「権威的な言葉」にもとづいたものである限りにおいては、相手が何を語ろうとも、それは「過去に向き合わない不誠実な言葉」として無視されるか、あるいは「『ダブル』であるがゆえのアイデンティティ・クライシス」として回収される運命にある。

他方、「内的説得力のある言葉」の関係のもとで、私たちの発話は、新たな発見を伴いながら更新され続けるという意味で、常に未完成である。※3 私たちはそうした言葉を、ひとつの「事物」として取り扱うことはできない。それゆえ、他者を知ろうとする行為が完結することはありえず、常に相手に応答を求めるような発話に向かわざるをえない。私たちがそうした言葉と積極的に向き合うとき、特定のカテゴリーに依拠し続けることは決して許されない。

ここで注意しなければならないのは、「権威的な言葉／内的説得力のある言葉」という概念が、語りそのものの性質を指して用いられるものではないという点である。構築主義を標榜する在日朝鮮人研究においては、民族主義的であると思われる言説がそのまま「権威的な言葉」として判断されるケースが往々にしてみられる。バフチンによる議論は、こうした性急な理解もまた、「権威的」なものであるということを指し示している。

2-3 バフチン対話論の経験的研究への応用

桑野隆によると、近年、特にロシア国内の「バフチン学」の提唱者たちによって、たとえばバフチンのドストエフスキー論に社会学的視点を見出し、それを言語論や文芸学以外の学問分野へと拡大適用するような風潮に対する批判の声がみられるという。しかし桑野はこれに対し、「当のバフチンには、どの分野であれ、文化全体との関係を考慮に入れない研究は不毛であるとの持論」があり、「社会学が言語論、文芸学その他に関わる必要があり、またその逆もしかりであることを具体的な例でもって先駆的に示したのが、まさにバフチンであった」と反論する（桑野 2009:228–9）。そして桑野は、さきほど紹介した「内的説得力のある言葉」の考え方にもみられるような「対話的能動性」を創造的な社会関係構築の基礎に置くバフチンの思想が、「対話的相互関係が染みこんだ個々人の『唯一性』を保ちながら『異言語混淆』社会を創造していくための、ひとつのモデルを提供して」おり、そのモデルはあらゆる差異の問題にも関連づけられるような柔軟性をもった、応用可能性に満ちたものであると主張している（桑野 2009:254）。

しかし、たとえ「バフチン的社会学」が可能であったとしても、実際にその対話理論を本章における事例の分析に応用することについてはさらなる検討が必要である。日本では社会心理学の領域においてバフチンの応用がさかんに行われている。[※4] しかしそこでは、言葉の関係が対話的であるかどうかの判断材料として、発話資料分析の際に、観察された臨床場面の環境や状況、あるいはそこで通用している「常識」などまでもが頻繁に参照されており、その意味では分析に恣意性が含まれていると言わざるをえない。

このことは、バフチンの対話理論はあくまでも、「能動的対話」を目指すうえでの理念型として捉えるべきであり、それを土台にして発話資料を分析するのであれば、対話性の判断基準を具体的に提示する必要があることを示唆している。そこで本章では、コミュニケーション理論にもとづき人類文化を解き明かそうとする中川敏の「物神化」概念を援用する。

2-4 「物神化」

中川は、K・マルクスが『資本論』などにおいて、人と人との関係が物と物との関係に置き換えられる現象を指して用いた「物象化」論を発展させ、「民族は実体として存在」するという命題にもとづいた「民族問題／ナショナリズム『問題』の当事者の語り」の分析視角として、「物神化」という概念を導入する（中川 1996:47）。中川はまず、関係による属性の説明から属性による関係の説明への移行を意味する「関係の物象化」[※5]と、外延から内包（属性）を導出する「外延の物象化」[※6]として現れる「物象化」は、「人類文化に、そしておのおのの文化のどの領域においても、普遍的なものであり」、特に「外延の物象化」は、「理解」という行為における「根本戦略の一つ」であると主張する（中川 1996:85）。

それに対し「物神化」は、「決して人間の生活経験のどこにでも見られるものではない」（中川 1996:85）。「物神化」とは、「『存在する』と言えない対象が『存在する』と言われるようになる、その説明体系の変化」（中川 1996:67）を指すものである。

「物神化」には、「属性（内包）の物神化」と「外延の物神化」のふたつの側面がある。「属性（内包）の物神化」は、「関係の物象化」の次の段階として生じるものであり、本来存在するはずのない属性が、「元」（すなわち個人）と同じ資格で存在するかのように語られることを指す（中川 1996:67）。たとえば、かれ・かのじょら「は日本人である」という述語が、「ひとたびそれが名詞化され（「日本人」「日本人性」「日本人であること」）その対象が個々の人間が存在するのと同じし方で存在すると語る」ことがそれに当たる（中川 1996:69）。

他方、「外延の物神化」とは、本来なんら関連のないそれぞれの出来事（外延）からひとつのパターン（内包）が見出され、そのパターンがそれぞれの出来事と同じように存在しているとみなされるような理論体系を指すものである（中川 1996:79-83）。かれはその最たる例として、日本の精神を「国体」として実体化させ、それがまるで生物として存在するかのように描写した文章を引用している。[※7]

この「物神化」論は、あくまでも民族問題／ナショナリズムの成立機制を説明する理論として提唱されたものであり、本章における分析視角としてこれを参照することは、中川の意図するところを越えることになる。しかし、バフチンによる「本人不在の真実」（章末脚注2を参照）についての言及はまさしく「物象化」に関する議論であった。すなわちバフチンは、「個人の《神聖不可侵》の部分」、すなわち人間の心や魂といった、他者によって観察されようのないものを、本人不在のまま「真実」として描こうとすることを、「物象化作用」と呼び、非対話性を生み出すものとして批判しているのである。バフチンによるこうした議論は、中川のいうところの「外延の物神化」に該当するものであると言えよう。したがって、発話のあり方が「権威的な言葉／内的説得力のある言葉」の関係のいずれに当てはまるのかを推し量る基準として、中川の「物神化」論を援用することには十分に妥当性があると考える。むしろ、中川の「物神化」論は、ナショナリズムのみならず、あらゆる人と人との関係性を理解するのに活用可能な、広がりをもった議論として捉えることができる。

3　「パラムの会」と「叙述的自己表現」

3-1　「パラムの会」とは

「パラムの会」は、日本籍者や「ダブル」のメンバーが中心となって、京都市最大の在日朝鮮人集住地区である東九条地域において結成された団体であり、一九九五年一月から、二〇〇一年一一月の活動休止に至るまでの六年間に渡って活動を行っていた。

月に一度の例会における発題は、在日朝鮮人問題に関わるものが中心となっていたが、被差別部落問題や日本人障がい者からの発題もあり、特に在日朝鮮人問題に議論を限定していなかった。これは、在日朝鮮人が「在日朝鮮人問題」に議論を限定することによって、在日朝鮮人社会内部に存在する様々な偏見や抑圧が不可視化されてしまっていることに対する反発のあらわれだといえる。つまり、「パラムの会」による実践は、けっして「ダブル」の抑圧からの解放のみを主題としていたわけではない。また、当事者としての被害意識に陥ることなく、「抑圧者」としての側面も捉えていくという目的も含まれていた。このことからも、「パラムの会」が一貫してカテゴリーの打破に主眼を置いていたということをうかがい知ることができる。

こうした「パラムの会」の活動は、「どんなにややこしくても一つの言葉に収斂させ[※8]」ないというスタンスにもとづいて行われていた。ここでいう「一つの言葉」とは、「在日朝鮮人」や「日本人」、「ダブル」といったカテゴリーを指す。「パラムの会」は、特定のカテゴリーに依拠することなく、自らの存在そのものを語ることができるような場こそが、日本籍者や「ダブル」といったマイノリティ・イン・マイノリティにとっての居場所になりうるという考えにもとづいて結成されたのである。

会のメンバーである安田直人は、その「一つのカテゴリーに収斂させ」ないというスタンスにもとづき、のちに「叙述的自己表現」という方法を提唱した。「叙述的自己表現」とは、自己の出自、人間関係をきちんと説明し、自分が何者であると今現在考えているのかを、時間をかけてていねいに言い表すことを指す。「パラムの会」の他のメンバーも、この「叙述的自己表現」という方法にもとづいて語ることを心がけており、それはいわば「パラムの会」における唯一の活動方針となっていた。

3-2 「叙述的自己表現」

ここで、会の特徴をより詳しく把握するために、「叙述的自己表現」についてもう少し掘り下げて検討してみる。前章でみたように、朴里奈と安田直人は共通して、〈私〉によって在日朝鮮人あるいは「ダブル」としてカテゴライズされることを拒否あるいは回避するような語りを行っていたが、それは、「叙述的自己表現」を踏襲したものであると思われる。では、「パラムの会」はいかなる経緯でカテゴリーに依拠せずに語るという方針を定めるに至ったのだろうか。

両者は、京都・東九条地域で行われていたある活動において偶然出会った。その頃は、ちょうど里奈が教会での活動において日本籍者としての周縁化を経験したことで葛藤していた時期であり、直人からそのような経験を共有するために「日本籍・ダブル」の集まりをしないかと声をかけられ、それに賛同する形で「パラムの会」は結成された。

直人は里奈との出会いについて、以下のように語っている。

【N‐1：里奈との関係性】

（以下、Nは安田直人、Tは山根俊彦による記述）

N：「在日朝鮮人」が主として集まる共同体と、「日本人」が主として集まる共同体とのそれぞれの中で、どちらでもないという自己への違和感を抱えながら、その違和感を言い表す表現を見出せずに、違和感そのものを否定的に捉えていたというのが現実であっただろう。（中略）実例を一つ挙げよう。朴里奈というメンバーがいる。彼女は在日朝鮮人の父親と、日本人の母親との間に生まれた、いわゆる「日本籍のダブル」である。そして、私は、帰化した在日朝鮮人の父親と、日本人の母親の間に生まれた、いわゆる「日本籍のダブル」である。「ダブル」という枠組みをつくり、そこだけを見るならば、朴里奈と私の間に差異はない。同じ「ダブル」であるということになるだろう。しかし、二人の生い立ちをていねいにたどってみるならば、そこには大きな違いが存在している。（中略）これだけのことを考えてみても、「日本籍朝鮮人」や「ダブル」という枠組みがさほど意味を持ち得ないということと、「民族名をとりもどす」ということが必ずしも、「本名」とむすびつかず、民族をとりもどすということとも結びつかない現実がうまれているのだということがわかってくる。[※9]

この会が生まれたきっかけは、両者に共通する「ダブル」や「日本籍」といった属性にある。「ダブル」は確かにひとつのカテゴリーではあるが、「在日朝鮮人」や「日本人」という上位カテゴリーから疎外される人々の互助的な関係を支えるものであった。しかし、直人と里奈が「ダブル」や「日本籍」というカテゴリーに安住することは決してなかった。それは、両者がまさにカテゴリー化の暴力に晒されるなかで、そのあやまちを連鎖させてはならないという意識を強く持っていたからだろう。

対話的な関係は、常にその境界が変化するような緊張状態においてこそ成立するものであり、逆に境界が固着化した関係においては、対話性は著しく低下する。生い立ちをていねいにたどれば、当然話題はエスニックなものには限られないし、その時々で語りの境界は変化し続けることになる。両者の「『大きな歴史』に捉われることなく、『小さな歴史』を生きる」というスタンスは、こうした流動的な対話関係のなかから構築されていったのである。このようにして見出されたカテゴリー化に対抗するための姿勢、そしてその姿勢を見出していくプロセスにあった詳細な自己の語りはその後、「叙述的自己表現」として言語化され、他のメンバーによる実践もそれに沿って行われるようになった。

このように見てみると、「叙述的自己表現」は、他者と対話的な関係を構築するのための「流儀」を意味するということがよく分かる。

4 「流儀」と「政治」をめぐる対立と対話

先に述べたように、「叙述的自己表現」を通した活動は狭義の――自己と他者が実際に向き合って行われる――「対話」を目指して実践されたものであった。実際に、メンバー間においては、一定の親密な関係のもとで、「一つの言葉に収斂されない」ような対話関係を構築することにある程度成功していた。[※10] しかし同時に、「パラムの会」の方針そのものに対する疑問の声は少なからずあった。では、そうした異見との間で、「対話」はいかにして実践されたのだろうか。ここでは、「パラムの会」の機関紙である「風の便り」の復刊第一号から第三号にかけて行われた、山根俊彦[※11]と安田直人の論争を取り上げ、会の方針をめぐる対話関係の内実を詳細に検討する。

4-1 「本名」をめぐって

はじめに、論争の発端となった「名前」に関する直人の見解をみてみる。

【N-2:「安田」を用いる理由】

N:私は安田という名前にこだわる。母は離婚したときに、旧姓に戻さずに、安田という姓を残した。なぜかというと、私に「お前の父親は『安』という名前だった」ということを伝えるために残したんです。私は、この母の思いを受け継ぐために、安田という名前を使う。そして、どこででも説明します。安田という名前はこういう由来があるんだと、これは安から来てるけども、ここには朝鮮人の血を引いていることを息子に受け止めさせようとした母親の思いがこもっている。だから「安」というふうに名乗らなければ民族的でないと言う朝鮮人がいたら、僕は断固として、「それは違う」と言います。「僕はこれだけの思いを込めて安田っていう名前を使っている、お前はどれだけの思いを込めてその民族名を使っているか」っていうふうに問い返します。[※12]

前章でも言及したように、直人の父親は、結婚に至るまで朝鮮人であることを隠し続け、結婚後も自らが朝鮮人であることを卑下し続けていた。しかし、それでもなお父親が朝鮮人であることを積極的に受け止めさせようとした母親の思いを受け、直人は母親の姓ではなく、父親の日本名である「安田」を用いている。また、日本名を使用することは、在日朝鮮人社会においては単純に「同化」と捉えられてしまう傾向にあるが、直人はそうしたまなざしを拒否するためにも、「安田」という姓に対する思いを詳細に語ることを常に心がけている。

このような直人の主張に対し、俊彦は一定の理解を示しながらも、父親の朝鮮名である「安」姓を使用すべきだと指摘する。

【T-1:「表面に現われた名前」に「ルーツを表す」べき】

T:朝鮮人と結婚した日本人母が課題から逃げず向き合ってきた思いを大切にして、「安田という名前にこだわるのが安田さんの生き方だと思うが、日本の教会の排他的な壁の前に、帰化せざるを得なかった父の「安」という名前をどこかで回復しなくてもいいのだろうか。(中略)安田さんは、長い自己紹介=叙述的自己表現で理解してもらえると言われるが、しかし、そういう機会に恵まれなかった人は、安田さんのことを「日本人」と認識するか、日本名を名乗って朝鮮人であることを隠している「朝鮮人」としか認識しないのではないか。いや、そういう二者択一の考え方こそ問題であるという反論が予想されるが、そういう二者択一思想をくずすためにも、表面に現れた名前(あるいはそれに代わるもの)が必要ではないか。姓でも名前でも、ミドルネームでも何らかの形でルーツを表す名前を示すことが大切だと私は思う。[※13]

俊彦は、母親の思いを尊重するのならば、「安田」ではなく「安」を用いるべきだと主張する。この主張は、極めて戦略的な発想に拠るものである。俊彦は、「叙述的自己表現」があらゆる場で開始されるためには、まずは直人が日本社会において「異質なる者」、つまり非日本人であることが周囲に認識される必要があると考えている。したがって、俊彦の語りは、直人に対して「運動を実践する主体」としての自覚をうながすものであると考えられる。

このような俊彦の意見に対し、直人は、個人としての生き方にまで踏み込んで「安田」姓の自己決定を批判されたことに対して不快感を表明したうえで、以下のように反論している。

【N－3：なぜ民族が個人に優越するのか】

N：このような呼びかけに、今まで何度か出会ってきたが、私はそのたびに深い悲しみと怒りにかられる。なぜそこで、個人に優越するものとして民族が設定されるのか、私が父と母から何を受け継ぐかという問題について、自己決定権はないのか。（中略）「日本名を名乗って朝鮮人であることを隠している『朝鮮人』としか認識しないのではないか」というのは、これも言葉が過ぎる。私が暮らしている範囲の中で、仕事の上でも、友人関係でも、家族関係でも、私が朝鮮の血を引いている人間であることを知らないものはない。むしろ問わなければならないのは、関係性がないところで、例えば朝鮮人であることがわかり、日本人であることがわかるのに何の意味があるのかということではないのか。[※14]

直人による反論は、民族が個人を優越するものとして設定されることに対する反発と、また、「叙述的自己表現」という方法が、所属するカテゴリーを明らかにすることを目的としたものではないとする主張である。

ただし、俊彦は決して民族名を名乗ることを無批判に最重要課題として設定しているわけではない。かれは教師という立場から、日本の公教育における在日朝鮮人教育の柱の一つとして掲げられてきた

「本名を呼び名乗る」ことを教師たちが自己目的化するような授業実践は本末転倒であり、あくまでも名前は生徒によって自己決定されるべきものであると主張している。また、その自己決定を支えるための「叙述的自己表現」の有用性についても論じており、そのことを本論争においても明確に表明している。[※15]

それにもかかわらず、直人によってこのような反論がなされたのは、前章で論じたように、直人の思想の根底には外向的な「運動」に対する拒否感があり、それに対して俊彦はそうした運動の必要性を前提としているからである。直人は、そのような運動を前提とする以上、「個人」を優越するような概念が設定されるのは必然であると捉えている。【T－1】のような言葉はまさに個人の多様性を抑圧する運動家の語りとして受け止められ、批判されているのである。

さらに直人は、以下のように、俊彦が「名前」に関して議論を行ううえでの姿勢に対しても苦言を呈している。

【N－4：「山根さんも、自己を語るべきではないか」】

N：私個人の生き方にまで踏み込んで、「安田」という名前について、私が自己決定することに、疑問符をつけたいと思うのであれば、山根さんも、自己を語るべきではないか。（中略）もしこの点を、人間と人間とが向き合う仕方で問題にされたいのであれば、山根さんが二人のお子さんと暮らす中で、日本と朝鮮の民族の両方を背負う子どもたちに向かって、自分の「日本人であること」をどのように伝えようとされているのかを語るべきではないか。「俊彦」という名前とお子さんたちとの関係について語ったらよいのではないか。[※16]

俊彦が直人に対して、主体的に運動を実践する者としての自覚と、運動論の地平での語りをうながしたのに対して、直人は、両者のあいだで対話的な関係を構築するために、まずは自身が「ダブル」を子にもつ親であることも含めて「叙述的自己表現」を行うことを求めている。在日朝鮮人と日本人、「ダブル」と「純血」者との出会いの多くは、構造的弱者が語り、強者がそれを聞くという非対称的な関係を前提としている。直人はそのような状況を打破するためには、「叙述的自己表現」というプロセスを踏むことが不可欠であると考えている。そして、そのプロセスを経ないままに俊彦から批判が向けられたことに、強い不快感を示しているのである。

4-2 「本名を呼び名乗る」運動と「名前の自己決定権」

以上のように、直人の「名前」に対する考え方は、名前はあくまで自己決定されるべきものであるとする認識に支えられたものであった。直人はそのような認識から、日本学校における在日朝鮮人教育の現場で、「本名を呼び名乗る」ことがスローガン化されていることに対しても、異議を唱えている。

【N－5：名前の自己決定権】

N：従来の「本名を呼び名乗る」というスローガンをもう一度捉え直してみるならば、こう言い換えることができる。すなわち、「本名を呼び名乗る」というスローガンが意味していたことは、多様化の現実を見つめて拡大していうならば、家族、社会、文化などの諸側面を含み込んで、自分の名前をきちんと自分で決めていくという、名前に関する自己決定権をきちんと守り育てようということであったのだと。それゆえに、私はここで、全朝教のスローガンを「本名を呼び名乗る」から「名前を巡る自己決定権を守り育てる」というふうに、拡大変更することを提起したい。[※17]

言うまでもなく、直人は「本名」を使用すること自体を否定しているわけではない。そうではなく、教育現場において、「本名」の使用こそが子どもたちをアイデンティティ・クライシスから解放し、コリアン・アイデンティティの確立を促すはずだと信じて疑わない風潮が生まれていることを危惧し、「本名」使用を本質化するような取り組みのあり方を批判しているのである。

俊彦は、このような直人の見解に同意しつつも、「名前の自己決定」を新たなスローガンとして掲げることに対しては反対意見を表明する。

【T－2：「いまだに、民族名では生きにくいという状況がある」】

T：本来的には「本名を呼び名乗る運動」と「名前の自己決定権」は矛盾していないと思う。しかし、今「名前の自己決定権」をスローガンとして掲げるのは反対である。なぜなら、自由に自己決定するための環境整備ができていない。いまだに、民族名では生きにくいという状況がある。そんななかで「自己決定」をいえば、環境を変えていくという動きができにくくなるからである。[18]

俊彦は日本の公教育における在日朝鮮人教育を担う教師として、「子どもたちのアイデンティティ形成の中で、民族的要素がマイナスのイメージとして形成されている例はまだまだたくさんある」ことを実感している。それゆえ、「本人が隠したがっているのだから、親が通名の日本名にしたいと言っているのだから、それを学校側が民族名に勧めるのはおかしい、人権侵害である」といった発言が学校内で大きな力を持ち、反差別・民族性の回復への取り組みが停止してしまう可能性が高いと考えている。したがって、名前の自己決定権を主張することは、誤りではないものの、時期尚早であると考えている。

このような俊彦の意見に対して、直人は以下のように再反論している。

【N－6：「本名を呼び名乗る」というスローガンに対する再批判】

N：もし、教師集団が、「自己決定」を口にすることによって現場での取り組みを回避するようなものであったし、これからもあり続けるならば、これまでの「本名を呼び名のる」というスローガンが、どのように実際に機能していたのかが問われるのではないか。自己決定をいうだけで、取り組みを回避するシステムがあるのであれば、「本名」を名乗る自己決定も、さぞかし機械的に無機的になされてきたに違いないと想像して慄然とする。（中略）山根さんの議論の不当性は、そのような取り組み回避システムとは別に、「本名を呼び名のる」というスローガンのもとでも、子どもたちの自己決定をきちんと見つめてきた教師の実践があるということへの過小評価にある。学校現場の現実に抗して、子どもと出会いつづけている教師がいる場合、彼・彼女が蓄積しているのは、どういうことか。一つの名前という問題を巡っても、一人の子どもに大きな逡巡があり、家庭でのやりとりがあり、恋人との軋轢がある。その様々な場面を共有し、一歩を踏み出す／あるいは踏み出さない自己決定に、立ち会ってきたのではなかったのか。そうであれば、自己決定は正しいが、取り組み回避につながるという論調は、今までの取り組み自身を貶めるものであると言わなければならない。[※19]

ここで直人の語りは、皮肉のまじった、非常に挑発的なものである。直人は、現状において「本名を呼び名乗る」運動が、自己決定によってではなく「機械的に無機的に」行われていると考えているわけではない。かれは、「本名を呼び名乗る」というスローガンのもとであっても、実は、教師と子どもたちの個人的な関係において自己決定の取り組みは行われていることを知っている。しかし、だからこそ、生徒たちが人格形成を行ううえで、「本名を呼び名乗る」というスローガンは、現実に即さない、形骸化された理念でしかないということを主張しているのである。

5　考察

5-1　流儀か政治か――「叙述的自己表現」の解釈の違い

両者の語りは一見、賛同と反論が頻繁に往来する対話的な交渉であるようにもみえる。しかし、直人自身もこの論争を、筆者とのインタビューのなかで「向こうは運動論だし、こっちは自分の思いを語っているわけだから、噛み合わないままでね、終わってしまったっていう感じがする」とふりかえっていたが、やはり両者の語りは、基本的にはバフチンの言うところの「権威的な言葉」の関係にあると理解すべきであろう。

まず、【T-1】の俊彦の語りにおいては、日本人か朝鮮人かのどちらかの選択を迫る「二者択一思想」を「物神化」する様子をみてとることができる。【N-2】で語られているように、直人による安田姓の使用は、具体的な他者との対面関係において、自己の存在を理解してもらうための選択であった。しかし、俊彦は日本人と朝鮮人の関係を規定するパターンとしての「二者択一思想」を実体として捉え、在日朝鮮人の自己解放のためにまずもって相手にすべき対象であると主張しているのである。これに対する直人の「なぜそこで、個人に優越するものとして民族が設定されるのか」（【N-3】）という反論は、かれが生活するなかで実際に出会う偏見をもった個人よりも、本来実体のないはずである「二者択一思想」を対象として自己表現のあり方を考えようとすることへの疑問として理解することができる。

また、俊彦の語りは、【N‐2】のように、「叙述的自己表現」にもとづいて行われた直人個人の語りにではなく、「叙述的自己表現」を実践する人びとの集合体に対して向けられたものであるように思われる。「叙述的自己表現」は本来、相互の語りがカテゴリーに対してではなく、個人に向けられるようにうながすための「流儀」として、直人によって提唱されたものであった。しかし、「パラムの会」メンバーが全朝教などにおいて頻繁に発言を行うなかで、その活動の特殊性が脚光を浴びるようになり、メンバーの意図しないところで「叙述的自己表現」を主張する人々が、ひとつの「カテゴリー」として認識されるようになったものと思われる。すなわち、「叙述的自己表現」は、本人たちの預かり知らないところで、「ダブル」を中心とした「パラムの会」のコア・メンバーたちによる運動の政治的理念として、一人歩きを始めてしまったのである。すなわち、「叙述的自己表現」とは、各メンバーによる個人的実践から会の「流儀」への説明体系の変化、すなわち「外延の物象化」の結果として生まれた概念であるが、俊彦はそれをさらに「物神化」して捉え、発話の対象として、「政治」としての「叙述的自己表現」を設定してしまっているのである。

「本名を呼び名乗る」運動をめぐる論争においても、両者の言葉のすれ違いは顕著であった。俊彦は、「本名」を名乗ることが日本社会において極めて困難であるという現状を考えると、学校教育の現場においてそうした選択を支えるような取り組みが行われる必要性があるという観点から、自己決定権のスローガン化に反対する意見を表明した。俊彦の語りを見る限り、「本名を呼び名乗る」運動は、「本名」を呼び名乗ることが困難な状況を生きる在日朝鮮人生徒個人と向き合うための実践ではなく、「本名を呼び名乗ることが困難である」という属性に対して向けられたものであると言えるだろう。他方、直人による「自己決定権」の主張は、こうした風潮に対し、名前に関する議論を「生徒個人に対する教育実践」という次元へと引き戻す必要性を訴えるものとして理解することができる。

直人は、俊彦による「いまだに、民族名では生きにくいという状況がある」という主張に対して、真正面から向き合うような発話を行わなかった。それゆえ、かれが、在日朝鮮人が直面する「民族的現実」を軽視しているようにみえるかもしれない。しかし、直人がその主張と向き合えないのは、俊彦の「権威的な言葉」に対して、かれが「無条件の拒否」の態度をとらざるをえなかったからだ。かれらの発話が「権威的な言葉」の関係に陥ってしまったのは、直人が「叙述的自己表現」に基づく語りのなかで、自身が従来の「運動」——属性あるいは外延の物神化にもとづいた実践——そのものに反対するようになった経緯について語っているにもかかわらず、俊彦がそれを読み取ることができなかった、あるいは読み取ろうとしなかった点に大きな原因がある。

5-2　対話的発話の発見

このように、俊彦と直人の発話はそれぞれ、「属性／外延の物神化」にもとづいた「権威的な言葉」と、それに対する「無条件の拒否」のやりとりとしてみることができ、その意味で決して対話的であるとは言えないものであった。ただし、直人による発話の一部は、運動論をめぐって硬直化した言葉の関係を、対話的なものへと進展させるためのヒントを含むものとして捉えることが可能である。

それは、【N－5】と【N－6】にあらわれている。この部分の語りは、従来の「運動」という形態に対する批判ではなく、現場での取り組みをむしろ当の本人たちが過小評価していることを指摘するものである。ここでの発話は、俊彦と直人のあいだの非対話的な言葉の関係を乗り越え、「能動的に俊彦の内面へと足を踏み入れ、カテゴリーに依拠し続けるがゆえに無自覚であった要素に触れることで、新たな発話を促すような性質の言葉であるように思われる。つまり、「自己決定」への取り組みが、実は俊彦自身が教師としてかかわる活動のなかで行われているはずだと問いかけられることで、直人が主張する「自己決定」論に対する批判は俊彦自身に跳ね返ってくる。それゆえ、かれは内的対話に向かわざるをえない。直人によるここでの発話は、俊彦に対し、生徒個人との対面的な関係に立ち返って「本名を呼び名乗る」ことの意味を振り返るように要求するのである。

直人によるこうした呼びかけは、俊彦がカテゴリーの「代弁者」として語ることを許さず、個人としての経験を語り、その経験に基づいて対話の土俵にあがることを求めている。そして、【T－2】の冒頭で俊彦が述べている通り、個人の文脈で「本名を呼び名乗る」ことの重要性が語られるとき、それが「名前の自己決定権」と矛盾することはない。「自己決定」として「民族」を追求しているという意味では、生徒たちによる「本名」使用と直人の「安田」姓の使用は軌を一にしているのである。

哲学者の野家啓一（中村・野家 2000、野家 2005）は、個人的経験を「物語る」[※20]ことを通して個人的な「思い出」は共同化され、さらには、その「物語り」行為によって人と人が結びつくとき、そこには異質な他者を排除する「私的領域の肥大」としての共同体ではなく、ハンナ・アーレントのいう「公共的領域」――私と他者とが、それぞれ立場の交換が不可能な存在として共有するリアリティとしての「現れの空間」――が形成されると主張している。[※21]「パラムの会」メンバーによる「叙述的自己表現」の実践は、まさにこの意味での「公共的領域」の創出を目指したものとして捉えることができるだろう。つまり、【N－4】での呼びかけを含めて考えると、直人の語りは一貫して、両者の「権威的な言葉」の関係を「内的説得力のある言葉」の関係へと転換させるために、「日本社会」や「朝鮮人性」の「物神化」に基づいた語りに終始する俊彦に対し、自分自身や、かれが教育現場で出会ってきた民族名を呼び名乗ることのできない在日朝鮮人生徒、さらには直人個人についても、「物語る」ことを促すものであったと理解できる。

6　おわりに

以上のように、両者による論争は、直人による発話が、かれ個人の言葉ではなく「ダブル」による「政治」として受け入れられることによって、対話性を欠いたものになってしまったことが明らかになった。そのことを象徴するように、論争は最終的には俊彦によって打ち切られることになった。「内的説得力のある言葉」を含んだ直人の再反論に対して、俊彦からのさらなる返答は行われなかったのである。こうした関係からは、構造的弱者は常に「語り手」としての役割を果たすよう迫られ、強者はそれを「カテゴリー」という安全な場所からまなざし、評価するという構図を見てとることができる。その意味で、在日朝鮮人による新興の活動団体がセルフヘルプ的運動に向かうのは当然の帰結であると言えよう。二重の抑圧構造に晒されるなかで、自分の「居場所」を創造し、生活を防衛するためには、同じ境遇に置かれた人びととの共同性を目指すほかないからだ。

私たちが特定のカテゴリーの「代弁者」としてふるまう限り、そうした人びととの対話が開かれることはないということを、本章で取り扱った事例は示していた。私たちは、カテゴリーの「代弁者」としてふるまうとき、バフチンのいうモノローグ的小説の作者と同様の立場にある。その立場から他者に対して投げかけられる言葉は、自らの作品の登場人物として思い通りに操りたいという欲望に満ちているのである。そうした関係性を突破するには、「私が自己決定することに、疑問符をつけたいと思うのであれば」「自己を語るべきではないか」という呼びかけに応え、構造的強者にとってはきわめて非日常的な行為である「叙述的自己表現」を意識的に実践するほかない。

> 内的説得力のある言葉は同時代の言葉であり、未完結な同時代性との接触の圏域において生まれた言葉、すなわち同時代化された言葉である。それは同時代人に呼びかけるだけでなく、子孫にも同時代人に対するように呼びかける。(Бахтин 1934 = 1996:166)

また、そうした言葉は、決して対面状況にある個人間関係にとどまるものではない。第三者がその言葉に触れたとき、かれ／かのじょらは「同時代人」として、その対話的関係に巻き込まれる。バフチンのいう「同時代性」は、本書が模索してきた「開かれた共同性」にも通じるところがある。ここでは詳しい考察の対象としなかったが、在日朝鮮人教育の現場における取り組みを、教師と生徒が「本名」を呼び名乗る関係にあることだけを抜き出して運動の成果とするのではなく、その交流のあり方を多角的に描き出したとき、そこにはおそらく、自己決定に基づいた共同性が結ばれる様子を観察することができるだろう。また、それを正しく評価することによって、教育現場における先進的な試みは広がりを持ちうるということを、直人の語りは示唆していた。このように、構造的弱者が生活防衛のために他者と対話的関係を構築する姿に学びながら、なおかつかれ／かのじょらが発する「内的説得力のある言葉」による呼びかけに応答するという営為の連鎖のもとで、「開かれた共同性」は広がっていくのである。

【註】

※1　モノローグ的な小説において、主人公は作者の「客体的なイメージに従う」ものであり、あるいは「作者の声のメガフォンとして機能」する（Бахтин 1934＝1995:16）。

**2　バフチンは、他者の「真の生」と向き合ううえでの姿勢について、以下のように言及している。「人格の真の生を捉えようとするなら、ただそれに対して対話的に浸透するしか道はない。そのとき、真の生はこちらに答え、自らすすんで自由に自己を開いてみせるのである。対話姿勢を欠いたまま、他者の口から語られるある人間に関する真実、すなわち本人不在の真実は、もしそれがその個人の《神聖不可侵》の部分、つまり《人間の内なる人間》にかかわってくる場合には、かれをおとしめる致命的な虚偽となる。」（Бахтин 1972［1929］＝1995：123）

**3　「内的説得力のある言葉は、それが肯定的に摂取される過程において、〈自己の言葉〉と緊密に絡み合う。我々の意識の日常において、内的説得力を持つ言葉は、半ば自己の、半ば他者の言葉である。内的説得力のある言葉の創造的な生産性は、まさにそれが自立した志向と自立した新しい言葉を呼び起こし、内部から多くの我々の言葉を組織するものであって、他の言葉から孤立した不動の状態にとどまるものではないという点にある。（中略）そればかりでなく、内的説得力のある言葉は、他の内的説得力のある言葉と緊張した相互作用を開始し、闘争関係に入る。（中略）内的説得力のある言葉の意味構造は、完結したものではなく、開かれたものである。内的説得力のある言葉は、自己を対話化する新しいコンテキストの中に置かれるたびに、新しい意味の可能性を余すところなく開示することができる。」（Бахтин 1934＝1996：165）

**4　たとえば『質的心理学研究』第7号においてバフチン特集が組まれ、いくつかのバフチン対話理論に基づいたデータ分析が行われており、本章と同様に「権威的な言葉」と「内的説得力のある言葉」の概念に着目し、その言説分析への応用が試みられている。

※5 たとえば、「ある人間に対して、他の人間が臣下として接するからこそ、その人間は王となる」から「ある人間が王であるからこそ、他の人間が臣下となる」へと説明体系が移行することがそれに当たる（中川 1996:64）。

※6 外延とは、ある集合の要素の列挙であり、内包とはその集合の要素に共通する属性を意味する（中川 1996:56）。外延からの内包の導出とは、たとえば、「日本国とたまたま呼ばれる物理領域の中の人々（外延）」に「ひとまとめにする共有された属性（内包）」を見出すことがそれに当たる（中川 1996:79）。

※7 「天子を中心とする善国民の渾一的生命体なるがゆえに、躍々として統一ある生命発展生成化育をとぐるなり、これを人類発展の軌範的体系というべく、これを措いて他に社会理想はあるべからず。」（中川 1996:84）

※8 『風の便り』第二号（1996）9ページ。

※9 文章中の朴里奈の名は、筆者が仮名に修正している。これは、安田直人による論考からの引用であるが、プライバシー保護のため、出典の明示は避ける。

※10 在日朝鮮人間の「対話」に関しては、倉石一郎（2007）が詳細かつ的確な分析を行っている。

※11 第4章の註5と同様の理由で仮名は用いない。

※12 『風の便り』復刊第二号（2000）18ページ。

※13　『風の便り』復刊第二号（2000）8ページ。
※14　『風の便り』復刊第三号（2000）16ページ。
※15　全国在日朝鮮人教育研究協議会（全朝教）は、活動の三つの柱として、「日本の子どもたちがもっている歪められた朝鮮観を克服すること」、「民族名を呼び名乗ること」、「進路を保障するために国籍による差別の撤廃を目指すこと」を掲げていた（全国在日外国人教育研究協議会 2010：第一段落）。「民族名を呼び名乗ること」の実践は、「本名を呼び名乗る運動」と呼ばれるのが一般的であり、俊彦と直人もそのように呼んでいることが多い。本来であれば、本名と民族名を同一視することは、本質主義的かつ純血主義的な発想であるが、混乱を避けるため、本文中においても「本名」と記述する。
※16　『風の便り』復刊第三号（2000）16ページ。
※17　『風の便り』復刊第一号（1999）13ページ。
※18　『風の便り』復刊第二号（2000）9ページ。
※19　『風の便り』復刊第三号（2000）18ページ。
※20　断片的で間欠的な「思い出」を、「織り合わせ、因果の糸を張りめぐらし、起承転結の結構をしつらえることによって一枚の布にあえかな文様を浮かび上がらせる」（野家 2005：121）ようにして語ること。
※21　野家はこのようにして構築される公共的領域を「歴史」と呼んでいる。

結論

1　議論の整理

ここまで、さまざまな立場にある在日朝鮮人の日常的な民族経験と実践の観察を通して、差異を隠蔽しない共同性としての「民族」の可能性について論じてきた。結論に言及する前に本書における議論を一旦整理しておくことにする。

まず第2章では、二名の朝鮮籍在日朝鮮人青年の語りを事例としてとりあげた。彼らは、入居拒否という直接的な被差別体験や、国籍を変更する同年代の在日朝鮮人たちの姿を通して、日常的に「ナショナリティの強制力」を伴うまなざしを経験していた。また、朝鮮籍を維持するという営みは決して固定的なものではなく、場面に応じた、抵抗・拒否・回避の態度が入り混じった「戦術」的実践によって、「強制力」に柔軟に対応するものであった。その意味では、朝鮮籍という矛盾に満ちた記号をめぐる葛藤も、「ナショナリティの強制力」を揺るがすひとつの実践として捉えることができるだろう。

第3章で検討した事例からは、「国際結婚」家族における「民族実践」がいかにして可能なのかをうかがい知ることができた。ここでいう「民族実践」とは、具体的には、両親や祖父母の在日朝鮮人としての経験、すなわち歴史性を「継承」していくことであった。ただし、「継承」といっても、実際そこには、「国際結婚」家族を営んでいくうえでの葛藤を回避するための独自の「民族」観が構築されていた。また、彼らは、日本人配偶者とのあいだで対話を重ね、日本人と在日朝鮮人という関係性を超え、民族を実践していくことの意義を共有するに至っていた。しかし、民族をめぐる摩擦を乗り越えたあと、両者の関係が家父長主義的なものへと変転しつつあるということが、同時に明らかになった。つまり、二つの事例においては、「民族実践」に向けた不断の努力が行われたいっぽうで、家族の安泰については、「無条件」に「安定性」を保障してくれる「家族」という伝統的な共同体に依拠する様子が見受けられたのである。

第4、5章は、「パラムの会」の元メンバーたちの語りや、会の活動をめぐる論争を事例としてとりあげ、民族をめぐる対話が、いかなる性質をもつ言葉によって膠着し、あるいは展開するのかについて考察した。

第4章では、「ダブル」とのインタビューにおける、〈私〉によるカテゴリー化の内実を紐解くことで、インタビューが非対話的なコミュニケーションに陥ってしまった原因を探ると同時に、そうした状況を打開するための、対話的実践のあり方を明らかにした。たとえば、安田直人の語りは、在日朝鮮人の被害性が強く意識されるような場面で、「ダブル」としての立場性が加害と被害の「大きな物語」の文脈に回収されてしまうことに対して、加害と被害の歴史の双方を、「過去の苦痛と死に対して自分が何もすることができないという絶望」の次元で感受することで、加害と被害の二分法を拒否しつつ、歴史における主体性を獲得しようとしていた。郭基煥の議論に従うならば、このような実践は、特定のカテゴリーに拠らない共同性の可能性を指し示すものとして捉えることができる。

また、第5章での考察からは、日本の公教育における在日朝鮮人教育のあり方や、「パラムの会」の活動方針などをめぐる論争が、運動の必要性を自明視する「権威的な言葉」によって非対話的関係に陥っていることが明らかになった。しかし同時に、安田直人による発話には、宛先人に対し「個人」に立脚した発話を促す類の言葉が見受けられた。そのような「内的説得力のある言葉」にいかに応答していくのかは、「民族」をめぐる有機的な相互行為を志向するうえで大きな課題となるだろう。

これらすべての事例に共通してうかがえるのは、かれ／かのじょらが民族をめぐるドミナント・ストーリーとのズレを極めて個人的かつ日常的な文脈において経験しており、そのズレを理解するためのオルタナティブ・ストーリーが構築されているという点である。言い換えれば、かれ／かのじょらの語りは、なんらかの形で「民族的現実」に拘束され続けてはいるのだが、ドミナント・ストーリーからは一定の距離を取り、自らの意思によって民族観を構築されているように思われるのである。ここでは、そのような両義性をもったかれ／かのじょらの民族経験と実践のあり方を、個人化という文脈から解き明かしてみたい。

2　民族経験の個人化

U・ベックは、一九七〇年代以降に顕在化した産業社会の構造の変容を、近代化によって自らを危険に晒し、ときには自己破壊を起こしながら、それらと自己内省的に対決するような段階への変化、すなわち「再帰的近代化（reflexive modernization）」であると診断した（Beck, Giddens & Lash 1994＝1997:11-12）。ベックの「再帰的近代化」論は主に、現代社会が、原発事故や環境破壊などに代表される「どんなに努力してみても免れる術が残されていない」ような「運命に帰すべき」（Beck 1986＝1998:2）リスクが強まっているとする「リスク社会」論と、個人の生き方においても、産業社会において自明であった安定的諸要素が揺らぐことで、個人が思い描いた人生を送れなくなるというリスクが付きまとっている（Beck 1986＝1998:137）とする「個人化（individualization）」論を軸とするものである。このうち個人化論は近年、日本社会における家族や貧困などをめぐる問題の分析枠組みとしてさかんに引用されているが、同様に、日本社会で生を営む在日朝鮮人たちの民族実践のあり様を分析するにおいても、示唆に富んだものであると考える。

ベックはまず、個人化が進行する社会的背景について、以下のように言及している。

> 高い物質的生活水準と社会的保障の推進を背景にして、人間は、歴史的連続性が断絶されるなかで、伝統的な階級による諸制約や家族による扶養から解放された。そして、ますます自分自身に注意を向け、あらゆるリスクやチャンスや矛盾に満たされた労働市場における自分個人の運命に、注意を向けるようしむけられた。（Beck 1986＝1998:138）

ベックは、福祉国家による近代化に伴う一定の経済成長によって、人びとが「階級による諸制約」

から「解放」されたと論じているが、それは決して、「社会の大集団間の不平等関係」が解消されたことを意味するわけではない。実際には、「階級社会」は「全部ひっくるめて一段階上に上がった」(「エレベーター効果」)に過ぎないのである(Beck 1986＝1998:144-148)。「エレベーター効果」は、依然として存在する不平等関係を見えにくくし、結果として「階級分化によって刻印された社会的環境」は、「粉々に破壊され」、「個々人は、自分だけを頼りとして、『階級の運命』のさまざまな構成要素を、個々人の人生においてはじめて発見しなくてはならなくなった」(Beck 1986＝1998:155)。その結果、人びとは、たとえば失業することを、「社会的に公然とした形ではなく、しかも集団的にでもなく、個々人の人生のある局面において、失業という運命に見舞われる」(Beck 1986＝1998:174)ような形で経験するのである。

また、上の引用でも述べられているように、個人化の特徴は、「脱伝統化(detraditionalization)」として顕在化する。家族や地域共同体、職業組合など、「集合的運命」を共にする人びとのあいだで形成され、生存維持を保障する役割を担ってきた伝統的な共同体は、社会全体の生活水準の向上に伴ってその役割を必然的に失っていくことになる(Beck 1986＝1998:138; Beck & Beck-Gernsheim 2001:xxi)。それはもちろん、伝統に従うことを余儀なくされ、自己の表出を阻害されてきた状況からの人びとの解放とも捉えられるものである。

だが、ベックはそれと同時に、脱伝統化の背後で新たに生み出される拘束性と強制性に着目している。ベックは、つまるところ現代における個人化とは、「制度化された個人主義(institutional individualism)」のもとでの個人の成長を意味するものだと述べる。つまり、人は実のところ、完全に制度に組み込まれ、それに依存しなければ生活できない状況に置かれている。しかし、それは一般的に、個人に選択の権利が与えられている状態として理解されており、それゆえ人びとは、特有の「自分自身の人生（life of one's own)」を生きていると錯覚するのである（Beck, & Beck-Gernsheim 2001:23-24)。また、伝統的共同体の役割が失われ、生活上のリスクが個人に直接振りかかるような状況下で人びとは、「自分自身の人生」のあらゆる場面において幾多の個人による選択を強いられている（＝「リスクの個人化」)。個人による選択である以上、それによって不利益を被ったり、途方に暮れてしまったりするような状況に陥ったとしても、それは自己責任として処理される（Beck & Beck-Gernsheim 2001:24-25, 48)。このように、厳然と存在する社会問題は、個人に帰責することで隠蔽されてしまうのである。[※1]

ここで着目するのは、現代社会において広く観察される、人と人の伝統的な結びつきの解体としての個人化そのものではなく、その帰結として生じている「リスクの個人化」である。本書の議論に即して言い換えれば、「民族から個人へ」という文脈からではなく、「民族経験の個人化」について議論するということになる。

では、「民族経験の個人化」とは、具体的にどのような形で表出するのだろうか。南川文里は、在米日系人にとっての「日系であること」の意味の変容について、個人化に着目しながら論じている。「日系であること」は、かつては「アメリカで生存するための生活資源へのアクセスを可能にする具体的な人的ネットワークを指していた」（南川 2005:137）のに対し、近年、ホスト社会への包摂が達成されつつある状況においてそれは、「政治的な資源として、あるいはアイデンティティの『確かさ』の感覚を構築する実践」（南川 2005:142）として活用されているという。つまり、従来は文化的資源としてのエスニシティの共通性を確認することが重視されていたのに対して、個人化社会におけるエスニシティは、「実存的問題」（Giddens 1991＝2005）に解答を与えるために向き合わなければならない課題のひとつとして、人びとに認識されているのである。

近年、在日朝鮮人社会においては、「多様化」を「個々人の『自主的』な選択によって進行しているのではなく、あくまでも日本と朝鮮半島の政治的・社会的諸条件によって決定づけられ」（金哲秀 2012:19）たものとして捉え、拡散する在日朝鮮人をつなぎとめるコミュニティの必要性を訴えるような意見が散見される。こうした議論は、多様化を無批判に称揚する脱構築的研究に対する批判として登場したという背景を踏まえると理解できなくもないが、在日朝鮮人の経験の客体的性格を強調するあまり、構造決定論への先祖返りを助長する言説であると言わざるをえない。脱構築論を批判したいのであれば、まずは在日朝鮮人の民族経験を再帰的近代の文脈にひきつける形で再定位し、「多様性」の具体的な中身を明らかにしなければならない。確かに個人化は、金哲秀が言うように文字通りの「個々人の『自主的』な選択」の実現を意味するものではない。しかし、個人は生活上の実感として、自らの生き方を「選択」し、その選択に対する責任を負っているのではないか。だとすれば、その実感に即して議論しなければ、共同性に関するいかなる提言も説得力を持ちえないだろう。

3　個人的民族経験

3-1　被差別体験の個人化

では以下に、本書でとりあげた事例を再度振り返りながら、「民族経験の個人化」について論じていくが、まずは多くのインフォーマントによって語られた、「差別」についてみていく。

成基柱（第2章）は、外国籍者として受けた入居差別の体験を、「個人」として被った「不利益」として理解していた。また、彼は国籍を、個人の志向性に基づいて選択されるべきものと考えており、それゆえ、朝鮮籍を維持することは、国籍差別に「屈したくない」という、個人の意地を貫きとおすための手段として捉えられていた。

朴里奈（第4章）もまた、高齢者福祉施設の日本人利用者から向けられた、民族名で働くかのじょに対する偏見を、「日本人による在日朝鮮人に対する差別」という大きな文脈からではなく、あくまでその個人の生活史に由来するものとして捉えていた。したがって、かのじょ自身も「個人」として日本人高齢者と向き合うことで、そうした偏見は取り除くことができると主張していた。

従来の在日朝鮮人社会においては、差別的な事象を在日朝鮮人全体に対する攻撃として解釈し、被差別者に対するフォローと、差別解消に向けた取り組みが行われる傾向があった。たとえば、一九七〇年に朴鐘碩が日立製作所から採用を取り消された事件（いわゆる「日立就職差別事件」）を契機として、在日朝鮮人の就職差別問題に対する関心が全国的に高まったことや、八〇年に韓宗碩が外国人登録証の指紋押捺を拒否、外国人登録法違反の疑いで起訴された事件をきっかけに、大規模な指紋押捺拒否運動が展開されたことは、そうした傾向を象徴するものである。

しかし、福岡安則と金明秀の調査研究によると、被差別体験は在日韓国人青年のエスニシティ形成にほとんど影響力をもっておらず（福岡・金 1997:115–116）、それゆえ差別や不平等に対する「反動」がエスニシティ高揚の最大の契機であるとする説は真っ向から否定された。被差別体験のエスニシティ形成に対する直接的な影響力が見られなかったのは、「相対的剥奪感」[※2]と「民族的劣等感」を媒介変数として導入したとき、それらが「関係志向的エスニシティ」[※3]と「主体志向的エスニシティ」[※4]のそれぞれに対して正と負の影響力を及ぼしており、それらが相殺しあっているためであるという。さらには、被差別体験の「主体志向的エスニシティ」への影響力は、「民族教育の程度」や「民族団体への参加経験」と比べて極めて低く、また、「関係志向的エスニシティ」とのあいだには比較的大きな因果的効果はみられるが、それでも「生育家庭内の民族的伝統性」や「民族団体への参加経験」と比べ影響力は低いという結果が出ており、したがって在日朝鮮人のエスニシティ形成について論じるうえで、被差別体験を考慮する重要性は低いと結論づけている。

おそらく多くの在日朝鮮人は、福岡・金による研究の結果を、自らの実感に反するものとして捉えていることだろう。しかし、本書の事例をみると、この研究結果にも首肯しうる。基柱や里奈は差別なるものを、「自分自身の人生における選択や決定の帰結」という、極めて個人的な文脈で理解している。かれ／かのじょらは決して「差別はなくなった」と認識しているわけではなく、現に差別はその民族経験に多大な影響を及ぼしている。ただしそれは、従来私たちがイメージしてきた「差別」とは明らかに異なる「経験」として理解されているのである。

3-2　歴史性の個人化

個人化とは、端的に言えば、過去と現在の歴史的非連続性が「脱伝統化」という形で表出するような現象である。多くの論者が、「同化」、「多様化」、「異種混淆化」などといった用語で説明しようとしたのは、まさに、在日朝鮮人の歴史的非連続性であった。それらの言説は、在日朝鮮人社会の現状が、もはや伝統的な民族観によっては理解も説明も不可能になりつつあり、それに取って代わる視点を再構築する必要性を訴えるものである。本書における議論も、大きく括れば、そうした潮流のひとつであるといえるだろう。

ただし、序論でも言及したように、本書は「脱伝統化」について論じると同時に、在日朝鮮人のディアスポリックな側面、すなわち「非伝統的な伝統」という性質にも着目するものであった。それが特に顕著に現れていたのは、第3章で取り上げた国際結婚家族においてである。洪英甫と具守連はそれぞれ、民族コミュニティや家族内における相互行為を通して、在日朝鮮人の負の歴史性の継承と清算の必要性を強く認識しているが、「加害者」の立場にある日本人との結婚は、そうした実践を阻害するものとして作用していた。しかし両者の語りは、妻とのコミュニケーションを通してそのジレンマが超克されたことを強調することで、結婚のストーリーに歴史の継承性を織り込もうとするものであった。つまりここでは、被害性を軸として語られる「大きな物語」に自分自身を位置づける語りから、「小さな物語」のなかで大文字の「歴史」について語り直すという、語りの構造転換が生じているのである。

また、安田直人（第4章）は、加害と被害の二分法のもとで、在日朝鮮人の祖母の経験を引き継ぐことの困難に直面しながらも、それを「罪責」として捉え直すことで、自らの歴史性として引き受けようとしていた。その原点には、「将来結婚したり就職するときに差別を受けたときに、それと闘う力をつけて欲しい」（【Y－2】）という「母の願い」があった。また、彼は手記のなかで、友人がいじめを受けたときに、「もしそれ（「自分も朝鮮人の血が半分流れている」こと）を言ったら、自分もいじめられる」（【Y－3】）という恐怖を感じたことや、所属する学生運動団体に「ダブル」の存在を許容するだけの素地がないことを予見的に感じ取っていたこと（【Y－4】）を、重要な経験として記していた。このようにみてみると、直人の歴史観は、あらゆるリスクに対する予見を重ねていくことによって構築されたものとして捉えることができる。「在日朝鮮人」、あるいは「ダブル」であることを自覚する限りにおいて、突発的な差別や排除のリスクは常につきまとう。それゆえ、あらゆる経験から、自らが差別や排除に晒される可能性を察知し、その都度、歴史的連続性のなかに自らを位置づけ直すことを繰り返す。それは、想定外の差別が生じることで、自らの存在の一貫性が揺るがされる可能性を最小化すべく、諦念の領域を広げていくために必要な作業なのである。

第5章でも触れたように、野家啓一は、「『物語り行為』によって絶えず生成され、維持されている制度的空間」（中村・野家 2000:179）を「歴史」と名付け、そこに「個が十全に開花するための土壌」（中村・野家 2000:151）としての共同体が生み出される可能性を見出した。これに従うならば、上述した三名の語りは、大文字の「歴史」、すなわち「正史」によって規定された歴史観に対する「小文字の歴史」の介入として捉えられるものであり、そのような語りには、排他的民族主義を乗り越え、けっして個人を埋没させることなく、なおかつ在日朝鮮人の負の歴史性を問いつづけることができる新しい共同性が開かれる可能性を見出すことができる。より大きな文脈に位置づけるならば、コリアン・ディアスポラ・ネットワークなるものを、血統性や文化的同一性を中心点とした同心円的な広がりとしてではなく、世界各地に点在する在外コリアンの多様な「歴史」をつなぐものとして再想像する必要性を、かれらの語りは指し示しているといえるだろう。その意味では、序論の第3節で論じたように、本書における、個人による民族経験についての語りを、「非伝統的な伝統」に着目するディアスポラ研究の一環として位置付けるという試みは、やはり一定の意義を有しているということになる。

4 「継続」する家父長主義

ベックによると、個人化は家族においても例外なく進行している。産業社会において形成された男女間の身分ヒエラルキーのもとで、女性はしばしば、「家族の他のメンバーのために献身すべきであるという要求や、家族の共同のための計画に没頭すべきであるといった要求」(Beck 1986＝1998:218)に晒され、無報酬の労働を余儀なくされてきた。しかし、社会階級が脱伝統化された時代に至り、男性と女性がともに、「家族の内外で市場に媒介された生存保障およびそれと関連する人生設計・組織化の行為者となる」(Beck 1986＝1998:142)ことによって、「市場における生産労働(近代)」と「家族における再生産労働(近代的な反近代)」という、相反する組織化原理が合流していることの「矛盾」が露呈し、男女の対立は顕在化することになった(Beck 1986＝1998:218)。

ベックは、個人化の進行に伴う「家族」のあり方の変容について、以下のように言及している。「職業、職業上の移動性の必要、教育をうけなくてはならないという強制、それに交差するように横たわる子どもに対する義務、単調な家事労働――これらをめぐって家庭のなかで互いに何重もの野心がうずまき、家族はつねにそれに対処する曲芸師になってしまった」(Beck 1986＝1998:225)。そのようにして構成される「家族」の日常生活は、まるで難易度の非常に高いパズルのようなものである。異なるリズム・場所・ニーズのもとで生活を営む人びとが、自然に生活を共にするようなことはめったにないことで、各人の時間と空間をうまく調整することなしに、従来の家族的生活を営むことは困難である（Beck, & Beck-Gernsheim 2001:91）。この議論に従うならば、伝統的「家族」は衰退の一途を辿るほかないように思われる。

しかし、第3章と補遺で示した事例にみられるように、かれ／かのじょらが経験する「家族」は、ベックらが描き出す個人化した家族像とはかけ離れたものであった。たとえば、林優紀（補遺）の渡韓後の生活状況は、まさに「自分自身の人生」を再構成するプロセスとみなすことができるが、渡韓の選択そのものは、かれが内面化する反近代的な家族観に起因するものであり、インタビューの時点でもなお、そうした家族規範に従いながら将来設計を行っていた。また、第3章における二組の「国際結婚」家族の事例からは、異なる文化的背景を持つ個人が共生する場としての「家族」が目指されると同時に、家父長主義への依存が強められる様子をみることができた。すなわち、ベックの言う「矛盾」が、この「国際結婚」家族においては、何らかの形で不可視化されているのである。

こうした傾向は、どうやら東アジアにおける個人化を解明するうえでの大きな課題でもあるようだ。落合恵美子によると、日本はヨーロッパと同様、離婚率や生涯未婚率、初婚年齢が上昇傾向にあり、その意味では個人化が進行しているようにも見える。しかし他方で、婚外出生割合が低く、ヨーロッパとは異なり女子労働力率推移にほとんど変化が見られず、また、個人よりも家族を優先すべきという考え方を肯定する傾向が未だ強いという状況にある（落合 2011:110–111）。落合は、こうした錯綜した状況を、「家族主義的個人化」（落合 2011:112）という枠組みによって分析する。すなわち、家族

化が進行しているのである。

に関する規範意識が強く影響を持つなかで、そこから逃避・逸脱するような現象が拡大する形で個人化が進行しているのである。

この点、ベックは、ヨーロッパにおける家族の個人化状況を詳細に論じると同時に、「核家族への回帰」が生じる可能性についても言及している。すなわち、個人化社会における人間の社会関係の希薄さがゆえに、「内面性を分かちもつことに対する欲求」が増大し、その欲求が、結婚をし、子どもを産み、家族と共同生活を営むという理想における「根源的欲求」として扱われるようになりつつあるという（Beck 1986＝1998：215）。個人化の帰結として共同性が失われることによって、逆に家族の共同性に対する憧憬が生み出されているのである。この議論は、個人化社会における家父長主義の維持・強化という矛盾を考察するにあたって極めて示唆的である。

ただし、本書の事例においては、家族ではなく民族共同体へのコミットを希求する姿勢として、それは表れていた。林優紀（補遺）は、もといたコミュニティに戻りたいと願いながらも、それが「長女」としての役割を全うすることなしには達成しえないことであることを悟り、自覚的にコミュニティと距離を取り続けていた。また、「国際結婚」家族の在日朝鮮人夫たち（第3章）は、「やっぱりそういうコミュニティがあるから、在日として、一人では生きていけないしね」（洪英甫）、「在日にとっては民族心育てていくことが、日本で生きていく上で欠かせない、幸せになって生きていくために欠かせない」（具守連）という認識のもと、子どもたちを民族学校に通わせていた。かれ／かのじょらが依拠する／できない民族共同体内部における人々の親密な関係性は、言うまでもなく家父長主義的規範に支えられたものであり、かれ／かのじょらはいわばそうした規範からの逸脱者として眼差されうる存在である。しかし、民族経験の個人化に伴ってその親密さに包まれたいという欲求が失われることはない。それゆえ、かれ／かのじょらは、その親密さが持つ排他性に直接異議を唱えるのではなく、家父長主義的規範をより内面化させていくことによって共同体へのコミットを志向・模索するのである。

5　個人化社会における共同性

最後に、伝統的共同体が解体されつつある現代社会において、新たなかたちの共同性が構築されるとすれば、それはどのようにして生まれ、何が人びとを結びつけることになるのかについて考えたい。ベックは、個人化社会における共同性は、従来の「富の再分配」を主張するような運動、すなわち「不平等による連帯」としてではなく、リスクによる「自分の人生」への不当な干渉に対する抵抗運動、すなわち「不安による連帯」として組織されうると述べている。

ただし、「不安による連帯」は、それが必ずしも開かれた共同性のもとに構築されるとは限らないという点で問題を抱えている。たとえば、東日本大震災における被災者支援や、福島第一原発事故発生後に盛り上がった反原発・脱原発運動はまさに「不安による連帯」の様相を呈していたが、「がんばろう日本」というスローガンやデモ行進で「日の丸」が掲げられる様子を見れば明らかなように、それらの多くは排他的ナショナリズムに迎合する「閉じた共同性」に依拠したものであった。その意味では、「連帯」の構築には、「不平等」にせよ「不安」にせよ、それが道徳化することによって排他性を生み出してしまう危険性が常につきまとっているといえるだろう。また、「個人化された生存情況が、集団性をもつことと標準化されていることを概観することは困難」（Beck 1986＝1998:142）な状況で、不安道徳を共有するような連帯は、個人化社会においてはいずれにせよ成立困難であるとも考えられる。

しかし、ベックが「共同性は、とりわけ、抗議という形態と抗議の経験において形造られる。この抗議は、私的なるもの、すなわち『自分自身の人生』への行政や産業による不当な干渉によって燃え上がり、これらの攻撃に対して発展する」（Beck 1986＝1998:143）と述べているように、われわれは、「自分自身の人生」において目前に迫る「不安」に対して、達成されるべき「安全」を思い描き、その実現に向けて「抗議」をする人びとの姿に、個人化に伴う共同性の喪失という根源的な問題の、解決の糸口を見出さざるをえないとも言える。われわれがなお「不安による連帯」に可能性を見出すのであれば、不安の道徳化によって生まれる善悪の価値基準に常に留保をつけ、「不安」の淵源を辿るような思考回路を担保しておくほかに道はない。

補遺第2節でも引用したが、郭基煥は、人が差別や排除を行う根源的な動機について、以下のように述べる。「他者に不意打ちをかけ、世界を剥奪するという、差別と排除にしばしば見られる現象は、自らが不意打ちされ、世界を剥奪するかもしれないという〈根源的社会的不安〉に促される」（郭

2006:129)。つまり、〈根源的社会的不安〉に耐え切ることができず、「己のリアリティを唯一絶対のものとして確信しているときは、別のリアリティの存在を意識の内部で抑圧するという作用が潜在的に随伴して」（郭 2006:129）おり、それが差別の原動力になるというのである。この点、第4章でとりあげた安田直人の「罪責」意識（【Y－5】）は、「〈根源的社会的不安〉」から逃避することなく、それと向き合った結果として見出された姿勢として理解することができる。郭が言うように、脱差別を目指す際には多くの場合、「〈罪〉の暴露」を繰り返すことになるが、「差別者は、他者に対する暴力性を自覚しつつも、かつまた暴力を受けた者の前で自己批判を行いつつも、その先に進まなければ、不十分である」（郭 2006:130）。「罪責」を意識すること、すなわち、「人は常に罪を犯しうる存在である」ということを自覚することによってこそ、われわれは差別の淵源に迫ることができ、脱差別の試みは可能となるのである。

また、第5章において概観した「パラムの会」による「叙述的自己表現」の試みは、「物神化」によって「他者」を産出し、自己の存在に正当性を与えようとする行為に向かうことを拒否し、自己と他者とのあいだに「公共的領域」を生み出そうとする実践であったが、言い換えればそれは、「また別の他者とコミュニケーションをとることで産み出す〈あなたたちの世界〉」（郭 2006:144）に生きる他者の存在をそのまま受容すること、つまりは「己が stranger になることへの〈不安〉＝〈根源的社会不安〉」（郭 2006:144）を引き受けることを意味している。その意味では、「パラムの会」の事例は、開かれた「不安による連帯」のひとつの可能性を指し示しているといえるだろう。

郭の議論に従うならば、在日朝鮮人社会における「開かれた共同性」の再構築は、本書がここまで一貫して描いてきたような在日朝鮮人のさまざまな「民族的現実」を、「私」のアイデンティティの一貫性を否定する要素として受け入れることによって開始される。そして、その試みによって生じる行き場のない不安を積極的に開示していくことによって、他者とのあいだに対話的関係は開かれる。「開かれた共同性」は、特定のカテゴリーに不安の捌け口を求めるのではなく、自らの身を不安のスパイラルのなかに置き続けることによってはじめて可能になるのである。

【註】

※1　ただし、ベックの個人化論はあくまでも、「再帰的近代における個人と社会の関係の変化」（伊藤 2008:318）に主眼を置いた「時代診断」を主としており、その意味で「従来の社会科学の諸概念を批判的に検討する機能をもつ」（伊藤 2008:327）ものとして捉えられるべきであろう。伊藤美登里によれば、ドイツの社会的ミリュー（milieu：日常的には「社会的環境、環境、生活状況」といった意味合いで用いられるが、1980 年代以降のドイツにおけるライフスタイル調査や社会的不平等研究においては、「考えを同じくする人々の集団」を指す用語として用いられている（樋口ほか 2008:54））研究においては、個人化が生じた原因についてのベックの解釈に疑問が差し挟ま

れることはなく、自律を獲得しているという意味での個人化が生じていることを前提として議論が進められている。しかし同時に、個人化はすべての者にとって一元的に進展しているものではなく、どのミリューに加わるかによって異なる色合いをもつものとして理解されており、個人化の進展の度合いや個人化の内実の究明が試みられているという（伊藤 2008:324）。このことは、ベックの個人化論が、語りの分析視角としてではなく、「『規準として、実在を測定し、比較』する」という「『理念型』と同様の機能」（伊藤 2008:326）を果たすものとして扱われるべきであることを示唆している。

※2　日本人／日本社会と比べ、在日朝鮮人／在日朝鮮人社会が不利な状況に置かれているという感覚。

※3　民族的愛着を抱き、他の在日朝鮮人との関係性を重視するような志向性。

※4　民族差別の問題に対して「怒り」や「不満」を感じ、それを原動力として差別の解決を目指そうとする主体的な志向性。

初出一覧

序　論　書き下ろし

第1章　「在日朝鮮人を研究する〈私〉のポジショナリティ――当事者性から個人的当事者性へ」（『オーラルヒストリー研究』第六号）

第2章　「朝鮮籍在日朝鮮人青年のナショナル・アイデンティティと連帯戦略」（『社会学評論』第六一巻第二号）

第3章　「総聯系在日朝鮮人男性の『国際結婚』――『民族性の固守・継承』と『家族戦略』の視角から」（京都大学GCOEプログラム次世代ユニット「在日朝鮮人社会における親密圏と公共圏の変容」二〇〇八年度報告書）

補　遺　書き下ろし

第4章　「肯定性を生きる戦略としての『語り』と『対話』」（『京都社会学年報』第一六号）

第5章　「『新しい在日朝鮮人運動』をめぐる対話形成の課題と可能性――『パラムの会』を事例として」（『ソシオロジ』第五四巻一号）

結　論　書き下ろし

あとがき

本書は、二〇一二年に京都大学に提出した博士学位論文「在日朝鮮人の『民族』をめぐる経験と実践の社会学」を加筆・修正したものである。〈私〉にとってこの博士論文を纏め上げることは、すなわち自己との対話の連続であった。本書の議論は、様々な社会的背景を持つ在日朝鮮人による、豊かで、示唆に満ち満ちた語りによって支えられている。それらは〈私〉にとって、極めて対話的なものばかりであった。これらの語りは、何度読み直しても、常に「本当にその理解で良いのか」と問いかけてくる。そのたびに〈私〉は、「知らず知らずのうちに何かを自明視してはいないだろうか」、「自らの欲望に語りを回収させていないか」と問い直す。この作業の繰り返しは非常に苦しいものであったが、結果的には、その姿勢こそが、開かれた共同性を構築する基礎になるということを学ぶことができた。しかし、この共同性に関する議論が主観的なレベルに留まってしまったことは、本書の最大の課題でもある。本論でも述べたが、従来のコミュニティのあり方やコミュニケーション様式の改変を迫るような地殻変動はすでに起きている。本書で紹介してきた対話的な語りの周辺には、実際にどのような共同性が育まれるのか。今後はこの点に着目して研究を進めていきたい。

「はじめに」でも述べたが、私がこの研究を進めていくなかでずっと気がかりだったのは、果たして読者を誰に設定するのかという点である。そもそも本書は研究書であり、社会学におけるエスニシティやナショナリズムに関する研究領域への学問的貢献を目的にしたものでもあるが、同時に、在日朝鮮人社会に向けた私なりの提言でもある。博士論文ではその姿勢を押し通そうとしたが、商業出版となると話は変わってくる。日本語で書いたものを日本で出版するにもかかわらず、「日本人」を読者として想定しないことなどありえないことなのかもしれない。そのことについては、博士論文の口頭試問や研究報告の場でも多くのご指摘を頂いた。しかし、悩みぬいた末、私は博士論文執筆時の姿勢をそのまま貫くことにした。傲慢だと感じる読者も少なくないだろう。あるいは、研究書として相応しくないと言われるかもしれない。しかし、「日本人の理解」を求めることは、在日朝鮮人研究が立ち遅れる原因のひとつになってきたと思う。ステレオタイプを打破するためにアイデンティティの多様性を強調すると、在日朝鮮人の存在は没政治的・没歴史的な文脈に回収されてしまうし、政治性・歴史性への言及も、圧倒的な権力関係のもとで曲解されてしまう。こうした堂々巡りのなかで、在日朝鮮人研究に携わる者たちはもがき苦しんできた。私は在日朝鮮人研究を、この負のループから一旦解放させるべきだと思う。まずは、ステレオタイプに振り回されることなく、在日朝鮮人の生活をそのまま描き出し、その現状に対する認識を新たにすること、そこからさらに、アカデミズムとアクティヴィズムが連動しあいながら、共同性のあり方を模索するきっかけを生み出すこと。それを目標にして私は本書を書き上げた。読者の方々には、今後の筆者による「研究」という営みの展開を、長い目で見届けていただけると幸いである。

最後に、本書を執筆するにあたり、本当に多くの方々に御世話になりました。この場を借りて深く感謝の意を表します。

何よりもまず、インタビューに応じてくださった方々のご協力なくしてこの研究が成り立たなかったことは言うまでもありません。貴重な時間を割いてくださり、そのうえ多くのことを教えてくださったインフォーマントの方々に改めて感謝申し上げます。私にとって、インフォーマントの方々との出会いは、それ自体が私にとって最大の「学び」でした。特に第4章で言及しているように、研究をはじめた当初の〈私〉は、教条主義的な民族観を押し付け、無理矢理語りを解釈しようとしていました。そのような姿勢を乗り越えることができたのは、協力者の方々が、そんな〈私〉との「対話」を諦めようとしなかったおかげです。

上智大学の蘭信三先生には、修士課程に進学し研究を開始してから現在に至るまで、継続して厳しくも暖かいご指導を賜りました。私は大学で工学を専攻していたために、大学院に入ってから初めて社会学や社会調査を経験しましたが、蘭先生と、研究室の先輩であった木下昭さん、猪股祐介さんには様々なことを手取り足取り教えていただきました。心より御礼申し上げます。また、博士課程進学後から継続してかかわらせていただいている蘭科研では、異なるフィールドでご活躍されている先生方から多くのことを学ばせていただきました。全員の名前を挙げることはできませんが、外村大先生、福本拓さん、松田ヒロ子さんをはじめ、メンバーの方々にはたくさんのアドバイスを頂きました。心から感謝いたします。

博士課程進学を機に、京都大学社会学教室に籍を移すことになったのは想定外のことでしたが、ここでも大変恵まれた環境で学ぶことができました。研究活動全般にわたり、格別なる御指導と御高配を賜わりました松田素二先生に、甚大なる謝意を表します。私の着想の多くは、先生が長年追求してこられた日常的実践論に負うところが大きく、ゼミでの直接的な助言や御著書を通じて、本当に多くのことを学ばせていただきました。また、博論審査で鋭いご指摘と助言を賜った伊藤公雄先生と水野直樹先生、社会学教室の諸先生方、研究室の同僚の皆様、教務補佐の松居和子さんにも大変にお世話になりました。ありがとうございました。

転籍がきっかけとなり、落合恵美子先生が代表を務められたGCOEプログラム「親密圏と公共圏の再編成をめざすアジア拠点」にかかわることができたのも、私にとっては大きな幸運でした。山口健一さんや孫晶さん、金泰植さん、橋本みゆきさんをはじめ、同世代の研究者とともに共同研究を行い、二〇一三年にはその成果として『コリアン・ディアスポラと東アジア社会』を出版することができました。大学院生の頃からこうした経験をすることによって、私自身の研究は大きく進展したと思います。関係者の皆様に心より御礼申し上げます。

二〇一四年度からは、神戸学院大学現代社会学部で教鞭をとることになりました。新学部の立ち上げで多忙極まるなか、一番の若輩である私に、研究に打ち込める環境を提供しようとご配慮くださった、中村恵学部長と神原文子先生をはじめ、同僚の諸先生方にはただただ感謝の気持ちでいっぱいです。

私が研究者の道に進もうと思ったきっかけは、学生時代に所属していた「留学同」での学びと経験にあります。「民族」との再会を手助けしてくださった先輩と学友たちにも、改めて感謝申し上げます。

最後に、わがままに、自分の思う道を進もうとする私を、温かく見守り、そして辛抱強く支援してくださった両親と家族に心から感謝します。そして、しんどいときにいつも明るく励ましてくれる英純、希暎、垂昊。あなたたちがいなければ、私はこうして研究を続けることはできなかったでしょう。ありがとう。これからも楽しく過ごしていけるように頑張ります。

二〇一六年の年明けに

李洪章

引用文献

（アルファベット順）

Бахтин, M., 1934, *Слово в романе, Вопросы литературы*.（=1996, 伊藤一郎訳,『小説の言葉』平凡社, 381ページ.）

———, 1972［1929］*Проблемы поэтики Достоевского*,（=1995, 望月哲男・鈴木淳一訳『ドストエフスキーの詩学』筑摩書房, 590ページ.）

Beck, U., 1986, *Risikogesellschaft: Auf dem Weg in eine andere Moderne*, Suhrkamp.（=1998, 東廉・伊藤美登里訳,『危険社会』法政大学出版局, 472ページ.）

Beck, U., Giddens, A., & Lash, S., 1994. *Reflexive Modernization Politics, Tradition and Aesthetics in the Modern Social Order*, Oxford, Polity Press.（=1997, 松尾精文・小幡正敏・叶堂隆三訳,『再帰的近代化——近代における政治, 伝統, 美的原理』而立書房., 408ページ.）

Beck, U., & Beck-Gernsheim, E., 2001, *Individualization*, London, Sage, 222p.

Becker, H., 1963, *Outsiders: Studies In The Sociology Of Deviance*, The Free Press.（=1993, 村上直之訳『アウトサイダーズ——ラベリング理論とはなにか』新泉社, 291ページ.）

Bhabha, H.K., 1994, *The location of culture*, London; New York: Routledge,.（=2005, 本橋哲也, 正木恒夫, 外岡尚美, 阪本留美訳『文化の場所——ポストコロニアリズムの位相』法政大学出版, 475ページ.）

Braziel, J.E. & Mannur, A., 2003, "Nation, Migration, Globalization: Points of Contention in Diaspora Studies," Braziel, J.E. & Mannur, A eds., *Theorizing Diaspora*, Oxford: Blackwell, pp.1-22.

Breger, R. & Hill, R., 1998, *Cross－Cultural Marriage: Identity and Choice*, Oxford: Berg.（=2005, 吉田正紀監訳,『異文化結婚－境界を超える試み－』新泉社, 339ページ.）

鄭暎惠, 2003,『〈民が代〉斉唱』岩波書店, 306ページ.

Clifford, J., 1994. "Diasporas," *Cultural Anthropology*, Vol.9, No.3, pp.302-338.（=1998,「ディアスポラ」有元健訳,『現代思想』1998年 6 月号, 120-156

ページ.)

De Certeau, M., 1974 *L'invention du quotidian, Tome 1, Arts de faire*, Paris: Gallimard.（＝1987,『日常的実践のポイエティーク』山田登世子訳, 国文社, 452ページ.）

福岡安則, 1993,『在日韓国・朝鮮人』中公新書, 234ページ.

福岡安則・金明秀, 1997,『在日韓国人青年の生活と意識』東京大学出版会, 226ページ.

Gellner, E.,1983, *Nations and Nationalism*, Oxford, Cornell University Press.（＝2000, 加藤節監訳,『民族とナショナリズム』岩波書店, 254ページ.）

Giddens, A., 1985, *A Contemporary Critique of Historical Materialism, vol.2: The Nationstate and Violence*, Berkley and Los Angeles, Polity Press.（＝1999, 松尾精文・小幡正敏訳『国民国家と暴力』而立書房, 457ページ.）

――――, 1991, *Modernity and Self－Identity Self and Society in the Late Modern Age*, Cambridge, Polity Press.（＝秋吉美都・安藤太郎・筒井淳也訳, 2005,『モダニティと自己アイデンティティ』ハーベスト社, 299ページ.）

Gilroy, P., 1993, *The Black Atlantic: Modernity and Double Consciousness*, London: Verso.（＝2006,『ブラック・アトランティック』上野俊哉・毛利嘉孝・鈴木真一郎訳, 月曜社, 536ページ.）

Goffman, E., 1961, *Encounters: Two Studies in the Sociology of Interaction*, Indianapolis: The Bobbs-Merrill.（＝1985, 佐藤毅・折橋徹彦訳,『出会い――相互行為の社会学』誠信書房, 254ページ.）

――――, 1963, *Behavior in Public Places: Notes on the Social Organization of Gatherings*, Glencoe, IL: The Free Press.（＝1980, 丸木恵祐・本名信行訳,『集まりの構造――新しい日常行動論を求めて』誠信書房, 326ページ.）

橋本みゆき, 2010a,「２つの親密圏の重なりあい――日本人女性と結婚した在日朝鮮人男性の２つの事例から」, 李洪章編,『次世代研究　13　在日朝鮮人社会における親密圏と公共圏の変容』京都大学グローバルCOEプログラム　親密圏と公共圏の再編成をめざすアジア拠点, 32-44ページ.

――――, 2010b,『在日韓国・朝鮮人の親密圏』社会評論社, 297ページ.

樋口直人, 2010,「あなたも当事者である――再帰的当事者論の方へ」宮内洋・好井裕明編著『〈当事者〉をめぐる社会学――調査での出会いを通して』, 87-103ページ.

飯牟礼悦子, 2007, 「『当事者研究』の流儀――2・5人称の視点をめざして」, 宮内洋・今尾真弓編著, 『あなたは当事者ではない――〈当事者〉をめぐる質的心理学研究』, 北大路書房, 111-122ページ.
伊藤美登里, 2008, 「U・ベックの個人化論――再帰的近代における個人と社会」, 『社会学評論』第59巻第2号, 316-330ページ.
郭基煥, 2006, 『差別と抵抗の現象学』新泉社, 276ページ.
柏崎千佳子, 2007, 「韓国籍・朝鮮籍をもたずに『コリアンであること』――日本国籍者によるコリアン・アイデンティティの主張」, 高全恵星監修『ディアスポラとしてのコリアン――北米・東アジア・中央アジア』新幹社, 195-228ページ.
川上勉, 2003, 「ナショナル・アイデンティティの2つの側面」, 中谷猛・川上勉・高橋秀寿編『ナショナル・アイデンティティ論の現在-現代世界を読み解くために――』晃洋書房, 67-89ページ.
金昌宣, 2008, 『在日朝鮮人の人権と植民地主義――歴史・現状・課題』社会評論社, 328ページ.
金哲秀, 2012, 「在日朝鮮人の多様化とその背景」, 『人権と生活』2012年夏号vol.34, 明石書店, 16-19ページ.
김귀옥, 2010, 「분단과 전쟁의 디아스포라 ―재일조선인 문제를 중심으로」, 『역사비평』91(キム・クィオク, 2010, 「分断と戦争のディアスポラ―在日朝鮮人問題を中心に」, 『歴史批評』91号), 53-93ページ.
金東鶴, 2006, 「在日朝鮮人の法的地位・社会的諸問題」, 朴鐘鳴編著『在日朝鮮人の歴史と文化』明石書店, 139-209ページ.
金舜植, 2009, 「入管特例法改正案の概要と問題点 特別永住者の処遇について」, (在日本朝鮮人人権協会)『人権と生活』2009年夏号vol.28, 10-13ページ.
金石範, 1998, 「いま, 『在日』にとって『国籍』とは何か――李恢成君への手紙」, 『世界』1998年10月号, 131-142ページ.
金石範, 1999, 「再び、『在日』にとっての『国籍』について――準統一国籍の制定を」, 『世界』1999年5月号, 207-216ページ.
金泰泳, 1999, 『アイデンティティ・ポリティクスを超えて――在日朝鮮人のエスニシティ』世界思想社, 211ページ.
――――, 2005, 「在日韓国・朝鮮人の変貌――日本社会と在日アイデンティティの現在」, 梶田孝道編, 『新・国際社会学』名古屋大学出版会, 298-

316ページ.
高和政, 2005,「密航·民族·ジェンダー――『在日朝鮮人文学』にみる《人流》」, 岩崎稔・大川正彦・中野敏男・李孝徳編著,『継続する植民地主義――ジェンダー・民族・人種・階級』青弓社, 224-239ページ.
倉石一郎, 2007,『差別と日常の経験社会学――解読する〈私〉の研究誌』生活書院, 395ページ.
草柳千早, 2004,『「曖昧な生きづらさ」と社会――クレイム申し立ての社会学』世界思想社, 256ページ.
桑野隆, 2009,『危機の時代のポリフォニー――ベンヤミン, バフチン, メイエルホリド』水声文庫, 325ページ.
Lavie, S., Kirin, N., & Renato, R., (eds.) 1993 *Creativity / Anthropology*, Ithaca, Cornell University Press, 368p.
松田素二, 2009,『日常人類学宣言!――生活世界の深層へ/から』世界思想社, 343ページ.
南川文里, 2005,「『在米日系人・在外日本人であること』の現代的意味:エスニシティの現代社会論に向けて」『立命館言語文化研究』(立命館大学国際言語文化研究所) 第17巻1号, 137-143ページ.
中川敏, 1996,『モノ語りとしてのナショナリズム――理論人類学的探求』金子書房, 195ページ.
中村雄一郎・野家啓一, 2000,『歴史 (21世紀へのキーワード インターネット哲学アゴラ 8)』岩波書店, 220ページ.
中谷猛, 2003,「ナショナル・アイデンティティとは何か」, 中谷猛・川上勉・高橋秀寿編『ナショナル・アイデンティティ論の現在――現代世界を読み解くために――』晃洋書房, 1-24ページ.
野口道彦・戴エイカ・島和博, 2009,『批判的ディアスポラ論とマイノリティ』明石書店, 409ページ.
野村浩也, 2001,「ポジショナリティ 本質主義 アイデンティフィケーション」, 姜尚中編『ポストコロニアリズム』作品社, 178-179ページ.
野家啓一, 2005,『物語の哲学』岩波現代文庫, 374ページ.
落合恵美子, 2011,「個人化と家族主義――東アジアとヨーロッパ, そして日本」, ウルリッヒ・ベック, 鈴木宗徳, 伊藤美登里編,『リスク化する日本社会――ウルリッヒ・ベックとの対話』岩波書店, 103-125ページ.
小田亮, 2003,「関係性としてのポリフォニー――複数性と過剰性について」,

『文化人類学研究』第4巻, 57-65ページ.
岡野八代, 2008,『家族――新しい親密圏を求めて』岩波書店, 232ページ.
大沼保昭, 2004,『在日韓国・朝鮮人の国籍と人権』東信堂, 394ページ.
박명규, 2004,「한인 디아스포라론의 사회학적 함의」, 최협 외 엮음,『한국의 소수자, 실태와 전망』한울아카데미（パク・ミョンギュ, 2004,「韓人ディアスポラの社会学的含意」, チェ・ヒョプほか編,『韓国の少数者、実態と展望』ハンウルアカデミー）, 159-176ページ.
李春熙, 2008,「新たな在留管理制度及び在留外国人台帳制度における在日朝鮮人の処遇」,『人権と生活』2008年冬号vol.27 在日本朝鮮人人権協会, 18-21ページ.
李恢成, 1986,『砧をうつ女』文芸春秋, 251ページ.
――――, 1998,「韓国国籍取得の記」,『新潮』1998年6月号, 294-317ページ.
――――, 1999,「『無国籍者』の往く道――金石範への返答」,『世界』1999年1月号, 257-269ページ.
Safran, W., 1991 *Diaspora in Modern Societies: Myths of Homeland and Return*, Diaspora 1(1), pp.83-90.
斉藤純一, 2000,『思考のフロンティア 公共性』岩波書店, 120ページ.
佐々木てる, 2006,『日本の国籍制度とコリア系日本人』明石ライブラリー, 190ページ.
瀬地山角, 1996,『東アジアの家父長制――ジェンダーの比較社会学』勁草書房, 373ページ.
徐京植, 2002,『半難民の位置から』影書房, 362ページ.
ソニア・リャン, 2005,『コリアン・ディアスポラ』明石書店, 219ページ.
孫片田晶, 2010,「在日3世たちのアイデンティティの運動実践――『在日韓国学生同盟京都府本部』の事例から」, 李洪章編著,『次世代研究　13　在日朝鮮人社会における親密圏と公共圏の変容』京都大学グローバルCOEプログラム　親密圏と公共圏の再編成をめざすアジア拠点, 17-31ページ.
宋連玉, 2005,「在日朝鮮人女性とは誰か」, 岩崎稔, 大川正彦, 中野敏男, 李孝徳編著,『継続する植民地主義――ジェンダー・民族・人種・階級』青弓社, 260-275ページ.
鈴木隆雄, 2010,「当事者であることの利点と困難さ――研究者として・当事者として」,（日本オーラルヒストリー学会）『オーラルヒストリー研究』第6号, 67-77ページ.

高崎宗司, 1996,『検証 日韓会談』岩波新書, 223ページ.
テッサ・モーリス＝スズキ, 2001,「偽りのアイデンティティへの権利——あるポストコロニアルの物語」, 栗原彬他編『越境する知 6　知の植民地：越境する』東京大学出版会, 191-215ページ.
外村大, 2004,『在日朝鮮人社会の歴史学的研究——形成・構造・変容——』緑蔭書房, 503ページ.
上野千鶴子, 1996,「複合差別論」, 井上俊, 上野千鶴子, 大澤真幸, 見田宗介, 吉見俊哉編『岩波講座　現代社会学15　差別と共生の社会学』岩波書店, 203-232ページ.
渡辺信夫, 1997,『今, 教会を考える——教会の本質と罪責のはざまで』新教出版社, 386ページ.
山脇啓造, 2000,「在日コリアンのアイデンティティ分類枠組に関する試論」『明治大学社会科学研究所紀要』第38巻第 2 号, 125-141ページ.
好井裕明, 1999,『批判的エスノメソドロジーの語り——差別の日常を読み解く』新曜社, 328ページ.
好井裕明・三浦耕吉郎編, 2004,『社会学的フィールドワーク』世界思想社, 252ページ.
윤인진, 2004,『코리안 디아스포라 — 재외한인의 이주, 적응, 정체성』고려대학교출판부（ユン・インジン, 2004,『コリアンディアスポラ——在外韓人の移住・適応・アイデンティティ』高麗大学校出版部）, 352ページ.

【新聞・雑誌・インターネットサイト】
パラムの会編『風の便り』, 創刊第一号, 第二号, 復刊第一号～第三号.
朝鮮新報（日本語版）http://www1.korea-np.co.jp/sinboj/
全国在日外国人教育研究協議会, 2010, http://www.zengaikyo.org/?page_id=5

◉本書のテキストデータを提供いたします
　本書をご購入いただいた方のうち、視覚障害、肢体不自由などの理由で書字へのアクセスが困難な方に本書のテキストデータを提供いたします。希望される方は、以下の方法にしたがってお申し込みください。

◎データの提供形式：CD-R、フロッピーディスク、メールによるファイル添付（メールアドレスをお知らせください）
◎データの提供形式・お名前・ご住所を明記した用紙、返信用封筒、下の引換券（コピー不可）および200円切手（メールによるファイル添付をご希望の場合不要）を同封のうえ弊社までお送りください。

◉本書内容の複製は点訳・音訳データなど視覚障害の方のための利用に限り認めます。内容の改変や流用、転載、その他営利を目的とした利用はお断りします。

◎あて先：
〒160-0008
東京都新宿区三栄町17-2 木原ビル303
生活書院編集部　テキストデータ係

キリトリ線

【引換券】

在日朝鮮人という
民族経験

李　洪章（り・ほんちゃん）

1982年生まれ。京都大学大学院文学研究科博士後期課程修了。博士（文学）。日本学術振興会特別研究員PDなどを経て、現在、神戸学院大学現代社会学部講師。専攻は社会学。

共著に、松田素二・鄭根埴編著『コリアン・ディアスポラと東アジア社会』（京都大学学術出版会、2013年）
論文に、「『新しい在日朝鮮人運動』をめぐる対話形成の課題と可能性――『パラムの会』を事例として」（『ソシオロジ』第54巻1号：87-103、2009年）、「朝鮮籍在日朝鮮人青年のナショナル・アイデンティティと連帯戦略」（『社会学評論』第61巻第2号：168-184、2010年）、「在日朝鮮人を研究する〈私〉のポジショナリティ――当事者性から個人的当事者性へ」（『オーラルヒストリー研究』第6号：57-64、2010年）など。

在日朝鮮人という民族経験
――個人に立脚した共同性の再考へ

発　行――・二〇一六年三月三一日　初版第一刷発行
著　者――・李　洪章
発行者――・髙橋　淳
発行所――・株式会社　生活書院
〒一六〇―〇〇〇八
東京都新宿区三栄町一七―二　木原ビル三〇三
TEL　〇三―三二二六―一二〇三
FAX　〇三―三二二六―一二〇四
振替　〇〇一七〇―〇―六四九七六六
http://www.seikatsushoin.com

印刷・製本――・株式会社シナノ

Printed in Japan

ISBN 978-4-86500-050-4

定価はカバーに表示してあります。
乱丁・落丁本はお取り替えいたします。